U0081246

聽寶寶說話

用愛塑腦，掌握0～6歲幼兒發展關鍵五力

周育如 著

推薦序

安心成家，和樂育兒

黃迺毓／國立台灣師範大學人類發展與家庭學系教授

應《親子天下》之邀，為得意門生周育如的書寫序，我真是百感交集。第一次見到育如是她剛考進我們研究所博士班，當時她是兩個孩子的專職媽媽，我問她來念書的目的，她說她想更多了解她的孩子。「需要如此大費周章嗎？」我心裡嘀咕。看到她大學和碩士班都在政大教育系，受教於名師馬信行，教過英文，卻已辭職，如此背景來讀博士班的還沒見過！第一學期她就修了我的課，我發現她非常認真專注，上課提到哪本書，下課她就主動去找去買，還立即應用，之後主動跟我分享心得，我看著她的學習「一眠大一吋」，改變神速。在許多相處和互動中，我們成了朋友。

她對兒童發展的興趣在她求學期間得到許多老師們的栽培，她也參與研究，寫出很好的論文在專業期刊上發表，她的學術潛能可說是「一發不可收拾」！直到有一天，她參加了一個研討會，感觸很深，我建議她寫下來，「我幫妳投稿。」我說。

據說，這是第一次她寫科普文章，我也沒想到她不只學術論文寫得好，一般文章也可以暢所欲言。「這是上帝給妳特別的恩賜，妳要多寫，幫助更多跟妳當年一樣困惑的父母。」感謝《親子天下》這個園地，讓她這些年可以陸陸續續發表與親職教養有關的科普文章，終於有這本書的誕生。

在這本書裡，我們讀到育如在兒童發展領域的融會貫通，她很誠懇的建議大人要真正了解孩子的「有／沒有」、「能／不能」、「需／不需」，才能夠真正的幫助孩子，而非愈幫愈忙。愛，需要智慧，需要勇氣，需要學習，例如有些父母在照顧孩子時希望能「有效率」，大部分暢銷的育兒寶典仍是以大人的角度，教你如何有效控制和操縱孩子，而非從實證研究中去分析孩子的需求，育如指出：「父母或許覺得孩子都不哭了真好帶，但事實上，這是最典型的習得無助現象，是嬰兒的人生放棄努力的第一步。父母還是依需求回應孩子才是上策哦！」

真的，當你發現某些「招數」管用時，說不定就是孩子的「劫數」了，很多人莫名其妙，不懂為何自己已經如此努力，卻總感到不是很對勁，或許，我們這些大人都需要回轉面對小孩，重新以謙卑的心情看待這些禮物。

當我們真正懂得尊重小小生命，相信「安心成家，和樂育兒」就不再是口號，而是可以落實的政策。

推薦序

教養，從認識兒童的大腦開始

鋅鋰師拔麻／臨床心理師

幾年前即將生下大寶的我們，也帶著幾分緊張焦慮，開始尋找坊間的育兒書籍。我們夫妻都是臨床心理師，研究範疇是與大腦功能相關的神經心理學，所以當時尋找育兒書籍只有兩個原則：「必須要有科學論證為基礎，不可以是似是而非的偽科學。」「任何教養內容都不該、也不能與兒童大腦發展相違背！」

然而，尋找本土教養書籍的過程，卻不若我們想像得這麼順利，市面上教養書千百種、令人眼花撩亂，某些內容卻也讓人瞠目結舌⋯

有些名人、網紅出書分享自己育兒的方式，分享經驗很棒，但將自己與孩子獨特的歷程視為「教養指南」，缺乏實徵基礎卻鼓吹讀者照本宣科，實為不妥。

某些書籍強調育兒標準流程與方法，如：「面對不吃飯的孩子要怎麼做？孩子拖拉怎麼做？孩子哭鬧怎麼辦？」家長滿心歡喜買書回家，實際執行卻發現孩子根本不買單，只看到孩子的行為問題，卻忽略孩子的年齡、發展階段、特質、內在需求以及情緒想法，自然是無法有效協助孩子做出改變。每個孩子都是獨特的個體，教養更不會有適用所有人的唯一標準答案。

經過一番尋尋覓覓，我們試閱了周育如老師《聽寶寶說話：幫助0～6歲幼兒建構一顆好用的腦袋》一書後，便二話不說購買。

本書的內容深入淺出，書中雖然談論了許多嬰幼兒發展歷程與心理學、神經科學的知識，但讀起來卻不晦澀難懂。育如老師以科學實徵資料為基礎，清楚提供新手父母具體的建議與實用的指引，如：孩子注意力不集中怎麼辦？智力是可以教出來的嗎？「臭奶呆」何時該就醫呢？此外，書本更附上相關的發展歷程表與自評量表，協助父母提高對孩子發展與現況的理解。

這本書陪伴我們度過了新手父母的慌張焦慮，更成為我們至今仍時不時就會拿出來翻閱、參考的「工具書」。當我們收到親子天下出版社邀請為增訂版撰寫推薦文，我們榮幸之至。改版後的內容，除了架構修改，育如老師以五大力「父母給力」、「腦力」、「學習力」、「情緒力」、「品格力」分享教養重要的知識技巧，比起舊版更多了些有趣實用的教養議題。

如果推薦新手父母一本育兒書，我會優先推薦《聽寶寶說話》這本書！

願教養的路上，我們都能成為擁有彈性的父母，有餘裕享受與孩子「互相陪伴、共同成長」的每一片刻！

推薦序

走在健康的育兒旅途上

Sydney／親子部落客、林叨囝仔六寶媽

在別人的眼裡，我或許是一個經驗豐富的老手媽媽，教養一串孩子看似輕鬆又自在，不過，這些都是經年累月而來，而一切的基礎，都要回到十年前。二十一歲甫進入婚姻，尚未有孩子的我，開始接受裝備，參加了許多場育如老師的親職教養講座，也拜讀了育如老師的著作，慢慢奠定我和先生的教養共識。

育如老師的兒童發展教育的教導，深植在我們的心中，對於當時還是新手父母的我們，好比一盞明燈，帶領我們通往健康的育兒旅程。在嬰幼兒教育上，有太多太多的教養派別：百歲派、親密派、自由派、管束派……等

等，每一個派別彼此對立，好比一種教法可以複製貼上在所有孩子身上。身為父母，面對而各種派別的洗禮，反而無所適從，到底該怎麼做才對？我在經營社群的路上，也常常遇上無助的父母來信詢問，有關孩子該怎麼教，但教養並沒有標準答案，最了解孩子的絕對是父母，只有父母能給予孩子最大的幫助。

在我成為媽媽的這十年間，因為具備嬰幼兒發展的知識，心裡自有一把尺，所有的教養建議進到腦海裡，我可以自在分辨是否符合孩子的發展，快速篩選資訊，不容易被五花八門的教養建議而困擾。還記得當時新婚的我，參加了育如老師的講座，明白零到六歲是孩子發展的黃金期，明白「零到六歲的成長歷程」之於「孩子未來發展」的重要性，也奠定了我決定成為全職媽媽的基礎，我相信孩子的成長不可逆，我願意付上代價，給予高品質的陪伴、發覺孩子的特質、給予適性的學習環境，也就這樣，一路走到如今十個年頭，第六個孩子即將出世，實行在家自學的教育模式，陪伴了孩子們無數個日子。

從我二十二歲到三十二歲的階段，堪稱人一生最精華的時光，我都在努力做一件事：成為一位稱職的全職媽媽。不少旁人看了替我感到惋惜，一位年輕有才幹的女人應該要在事業上發光發熱，怎麼會埋沒在家庭裡，相夫教子呢？但這一路走來，看見孩子們的自信、獨立、友愛的品格，讓我確信我當初做對了選擇，在幼兒階段為他們建立起：「腦力」、「學習力」、「情緒力」、「品格力」，讓我在教養的路上愈走愈甘甜，許多兒時的教導，似乎就像撒種一般，種子都長成大樹，一棵棵不斷地在收割。而事業呢？創業永遠不嫌晚，像我自己就在幾年前邊帶著孩子的過程中，建立起自己屬於的事業，因此，說到陪伴孩子和事業發展有衝突，我倒也是抱持著樂觀的態度看待。

在養兒育女的過程中，我們一直都在學習，因為孩子跟世界一樣瞬息萬變，每一天有各種不同的挑戰及課題要面對。不管是當初新手媽媽的我，抑或是即將迎接六寶的老手媽媽，我都秉持著一樣的心態，用喜樂的心迎接每一個孩子，以積極的方式面對孩子在每一個階段的發展。而育如老師的教導，就像是置入在我腦中的晶片一般，深植在對待孩子的教育上，給了我極大的幫助。

這是一本寫給父母的科普書，極力推薦已是父母的你、即將成為父母的你、或是擁有孫子的你，都應該一起學習，不錯待孩子，給予正向的教養環境。

好評推薦

寶寶哭了立刻抱會不會慣壞他？跟新生兒講話或唸故事書，他真的聽得懂嗎？面對才剛落地的寶寶，不會說話只會哭，到底該如何「聽」懂他想要什麼？

這些都是我的粉絲團上常常收到的問題，而在《聽寶寶說話》這本書中，周育如老師利用易懂的語言，幫助父母輕鬆理解寶寶的發展脈絡，與各種「說不出口」的身心需求。這次《聽寶寶說話》暢銷增訂版，多了親子共讀、在家就能做的簡易感覺統合訓練等七篇內容，相信會幫助所有學齡前父母在育兒路上更有方向感。讓我們放下規矩與教條，學習與寶寶相處建立關係，認識他的氣質，一起「聽寶寶說話」！

——兒科醫師／親子作家　黃瑽寧

作者序

用愛塑腦

這是一本寫給嬰幼兒父母的科普書，內容介紹了零到六歲之間嬰幼兒各領域的發展，以及父母跟孩子互動的重要教養技巧。希望父母們看了之後，了解到零到六歲這段期間的成長，對孩子的一生至關重要，而父母在這段時間教養的品質是多麼關鍵！因此，願意用心去了解孩子，以合適的方式幫助孩子成長。

進入兒童發展領域做研究，起因是我養育自己孩子的需求，但這些年隨著教學和研究工作的進行，我接觸到愈來愈多的家長和嬰幼兒照顧機構，看到很多令人心痛的現象。在親職講座的場合，有新手父母說他們夫妻根據某教養書的教導，為了讓孩子及早睡過夜，忍著心讓一個多月大的嬰兒哭整夜，哭到臉部漲紅、身體發青，夫妻倆看不下去，但為了堅持，只好躲到另一個房間去；也有媽媽分享說，同事教她寶寶生出來之後儘量不要跟孩子有眼神接觸，這樣等到要送給人托育的時候，就會非常順利。我聽了真是既驚詫又難過，嬰兒持續劇烈哭泣會使腦內的壓力荷爾蒙急速升高，時間拖太長甚至會損傷腦部；而眼神接觸是最重要的互動指標，對早期親子關係的建立和嬰兒智能的開展都非常重要，這些父母都是高級知識分子，卻聽信這些似是而非的教養建議。

到托嬰中心督導訪視時，我更是經常在裝潢精美的門面中，看到非常糟糕的照顧內涵。這些托育機構裡的嬰幼兒整天待在有限的室內空間，由戴著口罩看不到表情的保育員餵食清理，或做一些粗淺貧乏的互動，其中一個長得非常可愛的發展遲緩女孩躺在托嬰中心地板的景象，常常浮現在我的腦海中。托嬰中心是如此，幼兒園也好不到哪去，塞滿分科才藝教學的劣質幼兒園大行其道，小小的孩子以完全違背發展原則的方式被教導，就這樣度過人生最重要的童年。每次想到這些嬰兒和孩子的臉孔，心裡就覺得很難受，我相信父母們一定都是想給孩子最好的，卻因為沒有足夠的訊息而做出不合適的判斷。

至於我們的政府則完全離奇，無視這些年腦科學的發現，不在乎嬰幼兒時期是孩子大腦發育的黃金時期，最需要與父母建立良好依附關係並進行多感官互動。當前歐美國家皆致力補貼育嬰假、提供育兒津貼，並盡可能提供教養資源來協助父母有效育兒，包括發放閱讀禮袋、提供嬰幼兒父母親子互動技巧指導等，而弱勢孩童的早期介入方案更是以強化父母參與為核心。我們的政府卻反其道而行，以廣設公共托育中心為政績，在政策思考和做法上，實在還有很大的調整空間。

受到良心的催逼，真的覺得該為孩子做點什麼，幫助嬰幼兒的父母了解跟孩子互動的基本概念和技巧。多一點健康快樂的親子，少一點人間悲劇，這本書就是這樣來的。

希望這本書對父母來說，很好看、很實用，不僅幫助父母、幫助孩子，也幫國家做點事。

作者增訂序

給孩子真正的幸福

「無論什麼事讓我感到難過或高興，我都能自由的表達，不必為了取悅誰而面帶笑容，也不必為了別人的需要而壓抑我的煩惱和憂慮。我可以生氣，沒有人會因此死去或是頭痛；當你傷害了我的感情時，我可以大發雷霆，卻不會因此失去你。」——兒童心理學家愛麗絲・米勒（Alice Miller）

什麼是「幸福」呢？

上面這段話是知名的兒童心理學家Alice Miller對「幸福」的定義。多年前，這個定義震撼了我，也讓我體會到，幸福來自於在愛中得到真正的自由與釋放。

很高興《聽寶寶說話》這本書持續熱賣，得到很多的肯定，並在二〇二一年增訂改版。這些年我一直致力於推廣親職教養對幼兒成長的價值，我寫文章、教學、演講，也發表視頻及音頻課程，希望提供父母有根有基並有科學證據的知識。我相信愛是需要學習的，當父母有了知識作為後盾，用心學習如何與孩子互動，那麼很多孩子就有機會在年幼的時候，得到來自父母有智慧的愛與管教，而這些被用心愛過的孩子，不管未來的人生的境遇如何，都可以幸福、自由、美好的活著。

本書內容是基於「兒童發展」這個學科領域的知識寫成的。兒童發展是一門很有趣的學問，探究人類孩童成長的內涵、歷程和影響因素。不管是研究者、父母、老師或是任何想了解人類發展歷程的人，都可以在兒童發展的領域中得窺生命奧妙、領略教養的技巧，長出更多對生命的敬畏和尊重。

在這次的增訂版中，我試著在兒童發展的知識中，選出對父母最切身相關、最實用的五個部分來加以介紹。在第一部分〈成為給力的父母〉，先提供父母最重要的兒童發展知識，為父母的教養能力打下基礎，之後四個部分則依年幼孩子需要建立的四大主要能力：「腦力」、「學習力」、「情緒力」與「品格力」，分別介紹重要的知識與互動技巧。希望本書可以透過發展知識和教養建議兼具的方式，讓父母了解孩童發展過程中到底發生了什麼事，父母又可以如何幫助孩子成長。

看著孩子成長，父母自己也會成長，這將是一段無比珍貴、值得感恩的人生經歷，值得您細細體會。也希望閱讀此書的你，在學習為人父母的過程中，也能在愛中得到新的自由，體會到養兒育女的幸福與美好！

周育如　二〇二一年十月

CHAPTER 1

成為「給力」的父母

CHAPTER 2

養出好腦力

CHAPTER 3

打底學習力

CHAPTER 4

陪出情緒力

CHAPTER 5

引導品格力

CHAPTER 1

幼兒階段學習的主要方式「遊戲」。最後，我會說明如何觀察孩子的行為，以及如何透過行為模式找出孩子行為的原因，唯有找出原因，管教才會有效！最後，我會提醒當您要管教孩子時，應該留意哪些面向，透過認知、行為、情感三管齊下，才能讓您的管教輕鬆、有效又不傷害親子感情。

希望這一章對您為人父母的基本功有打底的作用，成為「給力」的父母，接下來就可以好好開發孩子的腦力、學習力、情緒力與品格力！

成為
「給力」的父母

首先恭喜您成為父母！看著孩子成長，父母自己也會成長，這將是一段無比珍貴、值得感恩的人生經歷，值得您細細體會！

在第一章，我將與您分享為人父母的最重要觀念：先「學習了解孩子」再「提供合宜的教養」。我會先說明父母對嬰幼兒發展的重要性，然後帶您認識孩子發展的關鍵里程碑，讓您對孩子在不同月齡的發展會經歷哪些階段、要留意哪些面向，先有個整體的了解。

接下來，我會說明面對不同的教養派別（各家不同的理論、網路名嘴的建議，甚至各種廣告等）要留意什麼，並介紹在嬰

嬰幼兒發展，父母千萬別缺席

很多父母認為，嬰兒大多數時間都在睡覺，哭起來很煩，自己不是很會帶孩子，又有事業要衝刺，乾脆給人帶，先熬過頭兩年再說。等孩子大一點，就可以送去上幼兒園，反正就是吃吃點心、玩玩遊戲，做得到的話就讓他多上一點才藝課。等到孩子上小學開始有課業學習了，再來好好陪孩子做功課，教孩子學習。

但是，這樣的觀念和孩子發展的事實卻是完全背道而馳的！

事實上，人一生的發展中變化最快的就是零到六歲這段時期，大腦突觸的連結、身體的發育、智力和語言能力的開展、社會情緒的學習，都在這六年有很驚人的躍升，有研究指稱，到了六歲左右，孩子大腦突觸的連結量會達到八〇%左右。因此，就發展而言，零到六歲可以說是最重要的時期。在早療界有句話說「一年的早療勝過十年的治療」，而早療的黃金期就是零到六歲！

因此，父母如果希望孩子頭好壯壯，又聰明又健康，最需要投入的時間就是零到六歲，而不是六歲以後！這就像如果想要長高，就要在青春期時好好睡覺、好好運動，青春期不努力，等到成年了再怎麼懊悔也只能恨天高了！同樣的道理，父母如果關心孩子身體和心智的發展，最要把握的就是嬰幼兒時期。這時好好把孩子養健康教聰明，以後可以避免很多教養問題，甚至可以節省大量補習費，絕對是最划算的投資！

然而，當父母是需要學習，不是自然就會的。嬰幼兒成長得好不好，除了受遺傳影響以外，最關鍵的就是環境的刺激和教養的品質。而好的照顧品質無法憑空出現，每個嬰兒的特質和需求也都不太一樣，唯有主要照顧者具備嬰幼兒發展的知識、在實際互動中學習觀察自己孩子的特質和需求、根據孩子的狀況給予敏銳和適切的回應，這樣的照顧品質才能有效支撐孩子成長的需要。而練習照顧自己孩子的過程就是最好的學習機會！

更重要的是，父母和嬰幼兒建立起良好依附和互動回應模式後，不僅嬰幼兒可以得到較好的發展，父母也因為對自己孩子的特質有更清楚的了解，之後在孩子成長的過程中，可以持續根據孩子的特質給予合宜的教養。這個效應非常長期，可以從嬰幼兒一直持續到青少年！

如果父母真的沒有辦法花太多時間照顧自己的孩子，那麼一定要為孩子慎選托育環境，同時要記得，不管孩子是送到保母家、送到托嬰中心或大一點已經送去上幼兒園了，父母永遠是孩子最重要的教養者，沒有人可以取代父母的角色，父母也不可以把教養的責任全都賴給保母或學校的老師。孩子教得好不好，責任最大的是父母，孩子發展得好不好，受到影響最大的也是父母和孩子本身，不是別人。

所以，既然有幸為人父母，爸爸媽媽一定要把握零到六歲這段時間，好好認識孩子的特質，盡可能親力親為學習跟孩子互動，親子互動就像滾雪球一樣，只要啟動一個良性循環，就會愈來愈好、愈來愈順手。

同時，愈來愈多研究發現，爸爸對孩子的影響和媽媽對孩子的影響不一樣，所以，爸爸和媽媽都要參與孩子的成長才好。

愛與陪伴是孩子成長的養分，不要讓孩子雖有父母卻沒有足夠的陪伴和教養，或讓孩子從出生開始就在保母、托嬰中心、學校、安親班、補習班之間不斷被轉手直到長大，當中將不知有多少錯過和遺憾！

零到六歲是孩子發展的黃金期，爸爸媽媽千萬別缺席！

新手爸媽的三堂必修學分

具備嬰幼兒發展的知識，將幫助父母了解寶寶成長過程中，身心特質將產生什麼樣的變化；大概在幾個月大或幾歲時，孩子會開始出現什麼行為或什麼能力；以及在大腦與身體、認知、語言、社會情緒等幾個重要的發展層面上，父母應該提供哪些重要的經驗給寶寶，才能讓寶寶發展得好。

有了這些基本知識，父母就可以判別寶寶在各領域的發展是否正常。這種及早發現真的很重要，如果發現孩子有問題或發展落後，就能趕快補救，早期的補救效果最大，才不會等到上小學發生適應問題了，驚覺事態嚴重，那時就已經錯過早療的黃金期了。如果你有機會親眼看看療育中心的孩子復健的艱辛過程，就能體會什麼叫「千金難買早知道」。父母有了發展的知識，並且多留意觀察孩子，可以避免很多不必要的遺憾！

有對年輕夫妻最近剛生下第一個寶寶，滿懷迎接新生命的喜悅，他們問我：「有什麼事是當父母一定要知道的？」我想，至少有三件事，是為人父或人母者的必修學分。

新手父母必修學分1：多了解嬰幼兒發展知識

對於正常的嬰幼兒來說，發展的知識可以幫助父母提供好的照顧及教育經驗。例如，當父母了解零到六歲是寶寶大腦發育最快速的時期，這個時候絕大多數寶寶吃進去的營養都被用來供應腦部發展所需，父母就會仔細在飲食中提供深色蔬果、高品質的蛋白質、鈣質和魚油等，讓寶寶發育中的大腦得到足夠的營養；如果父母了解原來寶寶在身體、認知、語言、社會情緒等幾個層面都需要發展，父母就會留意每天讓寶寶有足夠的身體活動，讓寶寶多玩、多探索；跟寶寶說話時注意語彙的豐富度，儘量清晰完整描述事情，同時知道要仔細的教導孩子情緒表達的語彙和情緒調節的方式，並提供人際互動的適當引導。

換句話說，具備這些知識的父母可以提供很有效的教養，孩子可以發展得很好；但不知道嚴重性或沒有發展概念的父母，孩子還是會長大，但發展上很可能就有很多缺憾。

新手父母必修學分2：面對教養資訊，保持理性

現在坊間有一大堆內容似是而非的教養書籍，明星、名人或任何人都可以變成親職專家。這些經驗不是不能參考，但很常見的是，這些根據經驗而非根據專業寫出來的教養書，通常把重點放在如何做以及多有效，但作者說

不清楚有效的真正理由是什麼，這種知其然而不知其所以然的教養可能有很大的風險。

於是，就會發生有些父母為了讓寶寶及早睡過夜而任由嬰兒哭整晚，沒有仔細辨別嬰兒哭泣可能有其他的原因，也無視於嬰兒長時間劇烈哭泣時，過高的壓力荷爾蒙對嬰兒腦部可能造成的傷害；也有父母嚴格的訓練孩子，以為這樣叫做堅持原則，可以讓孩子學會自律，卻不知研究發現，這些行為主義掛帥的國家，養出了最高比例逃避式依附的嬰幼兒，而行為掌控式的教導，也常教出表面順從而缺乏同情心的孩子。

此外，在托育及學校的選擇上，一定要確認是有助孩子發展的環境，不要聽信廣告或業者的宣傳。已經有研究發現，讓嬰兒處在無刺激的、無色的房間生活，很少和他們說話或互動，會造成早期知覺的損傷，一直翻閃卡試圖刺激嬰兒的做法也被證實不僅無效，反而會造成嬰兒退縮，甚至造成近似刺激剝奪的狀態，而這正是目前很多不良保母或托嬰中心的現狀。幼兒園的部分情況也很嚴重，塞滿分科才藝教學的幼兒園大行其道，孩子如果去上了這樣的幼兒園，因為比人家早學一些知識和才藝的東西，一開始看起來好像很棒、很聰明，贏在起跑點上，但研究已經發現，這些孩子上了小學之後，優勢並無法維持太久，反而在主動學習、自我情緒的調節和人際協商處理的能力都比較差。

因此，面對各種教養建議，父母心中要有一把尺，想想這些教養建議，是不是符合孩子發展的原則，如果不確定，要去尋求專業知識而不是道聽塗說。

新手父母必修學分3：心存感激，珍惜與孩子相處的時光

這是我自己最重要的體會。彷彿不久前，我也還是新手父母，手忙腳亂的餵奶、換尿布。這些年，孩子的小手帶著我學習很多重要的生命功課，孩

子撿拾陽光底下閃閃發亮的小石子，彷彿看到寶石一般的欣喜神態，教會了我用孩子的眼光重新看見世界的奇妙。教養孩子過程中所遇到的困頓，更讓我重新回顧自己的成長，展開自我生命的修復與整理。陪伴孩子的成長總讓我深深感到生命的驚奇，並對於能夠為人父母充滿感激。

現在孩子長得和我一般高了，細數這些年教養孩子的歷程，都覺得無比珍貴。我常想，如果當時少忙一點工作，多陪一下孩子，該有多好！能夠為人父母是很大的福分，希望每位父母都能好好愛、好好陪，細細品味孩子成長的點點滴滴，體會生命中很辛苦卻是最美好的時光。

嬰幼兒發展的關鍵里程碑

孩子的發展是奧妙的過程。光是一個精子和一個卵子的結合，所能產生子代的基因組合就高達二的二十三次方，約八百萬種可能性；再加上染色體互換的過程，又產生近六億四千萬種可能的變化。

之後，這個「億中選一」的獨特生命開始在母體內成長，中樞神經系統開始發育、心臟開始跳動、四肢五官開始形成，一直到呱呱墜地，過程中歷經的變化極為複雜精妙。因此，每個來到世上的孩子都是獨一無二的奇妙生命。

隨著成長，孩子的身心特質會產生系統性的、持續性的變化，這個成長變化的過程稱之為「發展」。決定孩子發展有兩個最重要的因素：一個是「遺傳」，也就是爸媽所傳給孩子的基因組合；另一個是「環境」，指的是孩子與外界環境互動所造成的影響。

因為有來自遺傳的影響，孩子不只長得像爸爸媽媽，個性和許多身心特質也會跟父母有很多相像的地方。例如有些父母抱怨孩子壞脾氣，其實自己也固執得很，孩子只不過是「跟父母一個樣」罷了！有了這一層的了解，父母在要求孩子的同時，可能會稍微寬容一點。

除了遺傳的影響之外，對教養上最有意義的，莫過於環境所能發揮的影響力了。

幼兒時期是人一生中身心發展最快速的時期，發展學家常稱零到六歲是孩子發展的黃金時期，不只腦神經元在此時快速且大量的連結，孩子的身體、認知、語言、社會情緒和自理能力，也在此時有極大的進展。在這個過程中，孩子成長的環境是否能支持他的發展，將決定他是否有好的發展結果，對孩子的一生影響至鉅。

父母要幫助孩子的成長，了解並掌握孩子各領域發展的情況是非常重要的，當中首要的就是觀察的知識。

嬰兒期的觀察：觀察孩子的反射能力和知覺發展

在新生兒階段，如果父母在帶孩子進行健康檢查的時候留意一下，會發現醫生會拿枝筆給孩子握握看、壓壓孩子的腳底、用手碰碰孩子的嘴角……這可不是醫生在逗孩子玩，而是在檢查孩子的基本反射能力。

從新生兒到嬰兒早期的階段，反射能力是孩子神經生理發展是否正常的重要訊息。此時重要的反射包括吸吮反射、抓握反射、莫洛反射等。通常新生兒的反射會在六至八個月左右消失，開始學會控制自己的軀幹，配合感官知覺發展協調和自主動作。

如果反射太弱或缺乏、過度僵硬或誇張，以及超過應該消失的發展點後卻依然出現反射，表示嬰兒的大腦皮質可能受損，父母要特別留意。

此外，醫生也常會拿顆紅球在孩子眼前晃來晃去，或在孩子耳邊東敲敲西敲敲，這是在檢查孩子的視知覺和聽知覺發展的情況，包括孩子是否能順利的追視物體，以及聽到聲音會不會轉頭往音源方向去找，視知覺和聽知覺是智能發展最基本的條件，非常重要。

追視能力的檢查方式是拿一顆紅球或顏色鮮明的物品，在嬰兒眼前大約三十公分處輕輕晃動，當嬰兒注意到了紅球並開始注視時，開始慢慢的向左或向右移動球，看嬰兒的眼睛會不會跟著追視球體，嬰兒早期良好的追視能力已被發現與長大後的智力有關。而聽知覺的檢測方式，則是在嬰兒的側後方搖鈴或發出聲響，看嬰兒會不會轉頭去找聲音，留意發出聲響的位置必須是在嬰兒往前正視時看不到的地方，同時注意看嬰兒轉頭找音源的方向是不是與聲音發出的方向一致，例如聽到左後方發出的聲音，頭往左邊轉過去

發展現象	重要性
永久性	吸氣提供氧氣，呼出二氧化碳
永久性	攝食的基本動作
永久性	攝食的基本動作
在出生後數週內消失（以主動的轉頭動作取代）	協助找尋食物
永久性	保護眼睛，避免強光或異物侵入
永久性	保護眼睛以適應環境中光線的強弱
在出生後8～12個月消失	出生時即能表現出來，然後自然消失，是為正常的神經系統反應
在出生後3～4個月消失，取代為自主性抓握	出生時即能表現出來，然後自然消失，是為正常的神經系統反應
在出生後6～7個月消失（但對大聲的噪音仍會有驚嚇的反應）	可能在人類演化史中，能幫助嬰兒抱住母親。出生時即能表現出來，然後自然消失，是為正常的神經系統反應
在出生後4～6個月消失	協助新生兒落水時存活
在出生後2個月消失	是新生兒自主性跨步的準備

新生兒反射動作的重要意義

名稱	反應
生存反射	
呼吸反射	重複呼氣與吸氣
吸吮反射	吸吮放在嘴中的物體
吞嚥反射	吞嚥
追蹤反射	當觸摸靠嘴角的臉頰時，頭部轉向被觸摸的方向
眨眼反射	快速閉上而後張開眼睛（尤其是在面對強光或在臉頰旁拍手時）
瞳孔反射	瞳孔遇強光時收縮，遇黑暗時放大
原型反射	
巴賓斯基反射	觸摸新生兒腳心，腳趾向外展開，然後內縮
手抓握反射	當以手指或其他物體觸碰新生兒手掌時，新生兒手指彎曲抓握
莫洛反射	如果新生兒在抱著的情況下，忽然被放開或是聽到大聲噪音，新生兒會將其手臂向外張開，背反弓，然後手臂向內收回好像要抓握什麼東西一般
游泳反射	將新生兒面朝下放於水中，新生兒以手撥水、腳打水的自然反應
跨步反射	抓住新生兒的上臂，讓其腳掌觸碰平的台面，新生兒輪流抬高一隻腳，做出踏步反應

找。孩子如果有聽力的問題，會影響語言和智能發展，父母如果發現孩子可能有聽力問題，一定要及早診治。

此外，父母也要觀察嬰兒看到熟人時會不會表現出開心的樣子，互動時是不是會主動去看人的臉，並有眼神接觸，這都是很重要的指標。

這些基本的檢測，爸媽也可以自己做，如果發現孩子的反應異常，就要儘快帶去醫院做進一步的檢查。

幼兒期的觀察：善用發展里程碑及發展檢核表

到了幼兒期，爸媽要知道孩子的發展狀況是否正常，最簡單的方法就是對照「幼兒發展里程碑」或「幼兒發展檢核表」。

所謂的兒童發展里程碑及發展檢核表，是用來說明每個年齡的幼兒，其身心發展在該年齡可以達到的行為。通常在表中會有「身體動作」、「認知」、「語言」、「社會情緒」和「自理能力」等項目，分成不同的月齡或年齡，說明重要的能力有哪些。

透過發展里程碑及發展檢核表，爸媽可了解和孩子同齡的幼兒大多已能做到的事情有哪些、自己的孩子是不是也能做到，藉此能知道孩子身心發展是不是大致正常或有些慢了。如果發現孩子有發展遲緩的現象，爸媽就要積極的帶孩子進行療育。

零到六歲間的療育非常有效，只要用對方法，孩子通常可得到很大的幫助，千萬不要存著「大隻雞晚啼」的錯誤想法，延誤了孩子療育的黃金期。目前在衛生局網站和各大醫院都可取得零到六歲兒童發展里程碑或發展檢核表的資料。另外，台北市早期療育服務網也提供分齡的「學前兒童發展檢核表」之線上檢測，並提供各種語文的版本。建議爸媽一定要善用這些訊息。

嬰幼兒期重要的親子互動

爸媽除了要時時留意孩子發展的情況，更重要的是，要提供支持孩子發展的優質環境。所謂優質的環境，不是花大錢買昂貴的進口玩具，或把孩子送去潛能開發；而是用心的、好好的和孩子互動，真心陪伴孩子成長。

配合孩子的發展階段，在嬰幼兒時期，孩子的感官正在快速發育，爸媽可多和嬰幼兒進行以下的活動：

- 身體活動：身體的刺激非常有助於孩子腦部的發育和感覺統合的發展。爸媽可經常擁抱孩子或進行嬰兒按摩。另外，也可和孩子玩些有趣的動作遊戲，例如：在床上或軟墊上翻滾、聽音樂舞動身體等相關肢體遊戲。
- 探索和遊戲：在安全無虞的情況下，放手讓孩子玩水、玩沙、到處觀看聆聽、東摸西玩、經常接觸大自然，這些經驗對孩子的智能成長極有幫助。

• 親子共讀：陪寶寶閱讀是一種非常有助於嬰幼兒認知和語言發展的活動。爸媽一定要把握這段時期，陪孩子一起享受閱讀的時光，不僅能增進親子感情，早期的共讀經驗將有助於孩子文字概念的形成、語言的發展及智能的啟發。

等孩子年紀更大一些，父母就可以提升孩子進行活動的質與量。除了擴大實際生活體驗的範圍外，也要在言談和閱讀中加入各種想法和感受的討論，讓孩子在日常生活的觀察、探索和思考中拓展深層的經驗。

此外，隨著孩子能力的增加，爸媽也會開始感到孩子成長所帶來的壓力。很多父母到了孩子三歲左右，突然覺得原本的小天使不見了，變成一個脾氣又拗又任性的小麻煩，甚至是小霸王，因而非常憂心自己是不是教養上出了什麼差錯。

事實上，大約三歲左右，孩子的自主需求開始發展出來，他凡事都想自己做做看，也想測試看看父母的界限在哪裡。當孩子有這樣的反應，爸媽要盡可能站在理解和幫忙的角度，幫助孩子展開了解「我是誰？」的人生第一步。同樣的，只要沒有安全的顧慮，孩子要自己吃飯、穿衣、刷牙……就讓他去試吧！不要事事要求完美，準備不會破的碗盤、容忍穿得不太完美整齊的衣著……當孩子做不好，忍著點，多鼓勵；當孩子做得好，請大大的讚美褒獎。這個時間對孩子採取較寬容的態度是很重要的，孩子的獨立性和自我能力感會因此慢慢發展出來。

孩子是上天所賜的奇妙禮物，我們何其有幸可以為人父母。爸媽們只要把握孩子發展的重要訊息，透過觀察留意孩子的發展是不是正常，並配合孩子不同時期的需要提供合宜的互動，你將會發現，養育孩子其實很好玩，很多我們過去沒有發現的潛能和創意，都會因為照顧孩子而激發出來，真是一段見證生命成長奇蹟的美好時光！

教養派別這麼多，父母怎麼辦？

話說有一天，我母親順手拿起放在客廳茶几上的《親子天下》，她很仔細看了半天，居然鬆了一口氣說：「還好你們都長大了，現在當父母真不簡單，要讀這麼多『冊』……」我想，我知道她在說什麼。

在極度的教養焦慮中，大量的教養專家出現了。這些專家包括了學者、名人、明星，還有的其實也不是誰，只是小孩考上了名校或得了什麼獎。凡此種種，人人都在分享教養經驗，人人都可以說出一套教養理念。面對這麼多教養資訊，父母怎麼判斷？或許可從兩方面幫助家長省思：

心法1：把個人經驗當成「特例」

大致說來，教養訊息可以分成兩大類。第一種是「個人經驗談」，這些人可能本身就是名人、對教育很有個人見解，或是他的孩子有特別的成就，面對這類個人經驗的教養訊息，父母可以參考，但要記得把它當做「特例」。

例如曾有位暢銷書作者出書說，孩子不聽話時要用木湯匙用力打，孩子就會順服。因這只是個人經驗，所以父母看到這樣的訊息時，就要知道這只是特例。所謂特例就是：對他家孩子有效，未必對自家孩子也有效，可能他用力打一打，孩子真的變乖，但你用力打下去，可能不只打碎了親情，還打出了孩子的怯懦和恐懼；同時，因為是特例，所以每一百個人可能只有一個人剛好有效，而他的孩子就是那剛好的一個。

另一方面，接收這類經驗談的資訊時，也要留意他的推論。他的孩子或許的確教得好，但原因可能並不是他自己以為的那樣。以上述體罰造就乖孩子的論點來說，事實上已經有大量的證據指出，體罰雖立即見效，卻對孩子的人格有長期的不良後果，但這位作者又的確養出了身心都很健康的孩子。為什麼？

如果讀者夠細心，會發現這位作者本身個性是很有韌性的，這使她得以度過極度艱難的生命經歷；此外，她和夫婿彼此深切相愛，同心合意教養孩子，並有堅定信仰支撐。所以她的孩子得以順利成長，關鍵可能根本不在作者所推崇的體罰，而是有其他更重要的條件在支持。讀者如果只學到了體罰，卻沒有其他條件配合，效果可能適得其反。

心法 2：研究結果視為「原則」

第二種教養訊息則是基於研究結果。科學研究講求可重複驗證，每個研究發現都要經過許多驗證後，才成為假設或理論，對此類訊息父母可將之視為「原則」。意思是說：若確實經過嚴謹的研究與驗證，有效的機率是比較高的。

但父母也要明白：人是複雜的個體，每個孩子都不盡相同，自己的孩子有可能是那無效的少數；同時，提出這類建議的專家，只是在陳述科學研究發現，未必他的孩子就一定出類拔萃。

多看多聽，還要自我省思

雖然教養訊息繁多，但多看多聽還是好的。我們在成長過程中，並沒有正式的課程好好教我們如何為人父母，大多數人擁有的就是自己的成長經驗。但當我們多看多聽時，我們就有機會從別人的經驗和研究發現中去省思，我們到底想要培養出什麼樣的孩子？這促使父母思考自己的成長經驗和生命價值觀，然後才有機會脫離只學方法或技巧的層次，真正在親職上有內在的成長。

另外，在看到別人的教養分享時，父母可以再想一下，這樣做對孩子有益的真正理由是什麼。舉個例子來說，有位親子教養作家，經常分享她在教孩子做菜過程中如何教養孩子，但接下來我就看到，有的父母為了把孩子送去她那裡學做菜，大老遠坐很久的車，或等了大半年才有機會排進課程中。

看到這情形我常想，這些父母難道以為把孩子送去做一次菜就是在教養孩子嗎？這個經驗的核心，應該是透過讓孩子用心盡力完成一件事，在過程中培養孩子的耐心、負責和美感，所以做菜根本不是重點。如果參加這位作者的課程很不方便，其實父母大可以把時間省下來，在自己家裡陪孩子一起洗車也好、整理房間也好，在過程中讓孩子用心的、仔細的完成所有細節，並體會親子互動的樂趣，以及盡力完成一件事的成就感。這樣的陪伴經驗，同樣可以達到相同目的。

面對各種教養資訊，父母真的不必太緊張。多看多聽多想，但也要放寬心，看到合自己意的教養資訊，就試著用用看；沒有效，也可以修正沒關係。正如孩子可以學習，父母也可以學習，只要父母用心在做，孩子一定體會得到。

遊戲，最好的心智和人際訓練

古人有云：「業精於勤荒於嬉」；現代則有早已移民到美國去的虎媽還在告訴我們，華人因為重視孩子的學業而造就出類拔萃的下一代。從古代到現代，幾千年來整個華人世界的父母最希望的，就是孩子一直努力奮發，好好學習；最不希望的，大概就是看到孩子整天「玩」而浪費時間了。

但兒童發展的研究證據顯示：孩子不玩，事情可就大條了！

不管是腦部研究的證據或心理學長期追蹤的研究都發現，幼年時期的生活經驗對人的一生有很大影響。幼兒時期因為身體快速成長，大腦也在快速的發育，孩子的身體、認知、語言和社會情緒，都在這段時間內有質和量上很大的變化，而促動這些變化有個很重要的推手，就是「玩」！

「一天到晚就只知道玩！不准玩了。」身為爸媽，對於這句話大多不陌生，但從現在起，觀念必須改變，如果孩子哪天不玩，那才真的要擔心了！

每個成長中的幼兒都會以幾近本能的方式，不斷的尋求各種探索玩耍的機會，藉著大量的「玩」，幼兒學到如何運用身體大小肌肉、手眼協調、促動感覺統合；幼兒也在「玩」的過程中，透過反覆嘗試與操弄，獲得認知的成長；幼兒更在「玩」的經驗中，不斷經歷語言與人際的互動，學會如何溝通、抒發情感以及解決衝突。童年時期培養出來的「玩性」，不僅是長大後創新及發明的原動力，也是人格彈性和復原力的來源。

用對的角度看待幼兒遊戲

令人擔心的是，現在的孩子似乎玩得愈來愈少、玩的品質也愈來愈差，而主要的原因竟是父母太重視孩子的教育，剝奪了孩子玩耍的機會。或者，有些父母就算聽聞了遊戲的重要性，想讓孩子玩，卻不知道要讓孩子玩什麼？怎麼玩？

在幼兒遊戲的研究領域中，我們通常會從兩個主要的向度來看孩子的遊戲行為，一個是遊戲中的認知層次，另一個層面是遊戲中的人際互動。

在遊戲的認知層次方面，孩子剛開始的遊戲，通常就是拿個東西不斷的用相同的方式操弄，例如把積木疊一疊然後推倒，聽到積木倒塌的聲音後哈哈大笑，然後又再疊再推倒、再疊再推倒……可能一整個上午都在重複相同的事而樂此不疲。父母這時不要覺得孩子玩法太無聊就抓狂，或乾脆直接就把孩子帶去看美語教學影片，因為孩子正在玩「功能遊戲」，功能遊戲除了幫助孩子使用身體技巧外，也在了解物體的性質。

然後，願意再等一等、忍一忍，讓孩子玩個夠的父母，就有機會開始看到孩子出現新的招式，玩法開始變換。在功能遊戲持續一段時間後，父母會看到「建構遊戲」和「假扮遊戲」的成分開始出現了，孩子開始搭建城堡、基地或商店，演起各種角色；之後，認知成分更複雜的「社會戲劇遊戲」登場，孩子開始演起爸爸媽媽或宇宙大戰的遊戲，這時的遊戲不僅有建構的場景、有角色的扮演，更有劇內劇外的協商和劇情的推演。從功能性的遊戲到複雜的社會戲劇遊戲，遊戲的認知層次不斷攀升，包括對物體結構、原理的嘗試，符號表徵能力的複雜化和更多語言溝通大量融入遊戲中。有人說孩子會愈玩愈聰明，真不是隨便說說而已哦！

在遊戲中的人際互動方面，一開始孩子大概就是旁觀。此時父母不要急，不要一下子就催促孩子：「怎麼不一起玩？」或是就一直教孩子去問別的小孩：「我可以跟你玩嗎？」旁觀其實是重要的過程，表示孩子開始對遊戲有興趣並試著觀察別人的玩法，因此要允許孩子旁觀，時間也要給得足，等他看夠了想加入了，才表示孩子在心理上準備好了。

開始進入遊戲行為後，可能會有孩子自己玩自己的，或幾個孩子坐在一起各玩各的現象。但只要遊戲的時間和材料是足夠的，一段時間後，孩子自然會開始交談、關心起別人在玩什麼，並開始出現交換玩具或模仿等互動；等到玩得再成熟一點，有共同目標的合作遊戲才會出現。此時，更複雜的遊戲行為，包括角色分配、協調溝通、比賽規則討論等就會出現。所以，孩子不只是愈玩愈複雜，還可以在遊戲中學習人際相處的眉眉角角。

給好的遊戲資源也給時間

那麼，父母要如何支持孩子的遊戲呢？首先，盡可能提供遊戲資源，很多父母認為搭積木、拼拼圖等建構遊戲好像跟學習比較有關，就比較支持；假扮遊戲好像就是玩一玩扮家家酒，無足輕重。但事實上，每種遊戲都有發展上的功能，父母應該儘量提供合適的玩具或材料，讓孩子嘗試各種玩法，不要偏重某類遊戲。

給予足夠的時間也很重要，不管是在操弄中獲得認知成長，或是在人際互動上要熟練，都需要時間的醞釀。當孩子自由玩耍的時間和機會太少時，很可能一些高層次的能力根本沒有機會發展出來。最近台灣針對幼兒遊戲的研究已發現，有愈來愈多的孩子甚至到了五、六歲，即使給他機會，他也玩不出合作遊戲來，顯示孩子玩遊戲的時間真的太少太少了，很多能力都被剝奪掉了。

此外，父母要練習在孩子玩的時候忍一忍，不要因為孩子好像不太會玩或沒有和人互動，就很心急的想介入，讓孩子多嘗試一下、多失敗幾次沒有關係，等到孩子主動求助再幫忙都來得及。認知的處理要在孩子的腦袋中完成，父母太早出手，孩子就沒有機會在操弄中自己獲得領悟。

「玩」對孩子的成長來說實在太重要了，父母請放下及早學習的迷思，讓孩子多玩玩吧！

管教前，先找對原因

四歲的妮妮最近令媽媽和老師傷透了腦筋，她早上上學時就說她肚子痛，一直鬧到媽媽把她送到學校為止。

這種情況已經持續了三個多星期，一開始媽媽以為她真的肚子痛，特地幫妮妮請假，要帶她去看醫生，但妮妮發現不用上學，她的肚子痛就不藥而癒，幾次之後，媽媽發現她其實是裝痛。因為妮妮從小班就已經開始上幼兒園，並不是新生，不可能是分離焦慮所引起。

媽媽轉而懷疑是不是在學校發生了什麼事，導致妮妮藉故不想上學，但問孩子又問不出個所以然來，所以媽媽只好去跟老師溝通；幼兒園老師卻表示，妮妮在學校並沒有什麼事情發生。

為此，媽媽和老師有了一點不愉快，媽媽覺得老師一定隱瞞了什麼；老師則覺得很無辜，並對家長的質問感到委屈。

僵持了一個多星期後，媽媽每天早上要趕著上班又要應付妮妮的裝肚子痛，弄得實在很煩，發脾氣無效後，媽媽改用利誘的方式，只要妮妮不哭鬧，媽媽就給她集點換獎品；幼兒園老師也加入獎勵的行列，只要妮妮乖乖來學校，老師那天就讓她當小老師。

在媽媽和老師的合作努力下，妮妮安靜了好幾天，但不久又開始上演肚子痛的戲碼。因為情況一直沒改善，媽媽揚言要讓孩子轉學，讓班級老師承受很大的壓力，因而求助於我。

我了解狀況後，請老師回去觀察妮妮在學校有沒有什麼和往常不同的舉動，也請老師詢問媽媽，了解妮妮有沒有哪幾天特別會鬧肚子痛。一週後，老師來找我，表示妮妮從小班上學以來一直都適應得很好，最近比較不同的是，有時睡午覺起來會哭，但安撫一下就好了，除此以外沒有其他異常；至於媽媽那方的回應則是星期二和星期三早上鬧得特別厲害，給獎勵也沒用。

於是我請老師回去特別留意星期二和星期三，尤其是午睡前後，學校有沒有和平常不同的人會出現，或有什麼和平常不同的課程或事情發生。

四天後老師打電話給我，事情水落石出了，老師特別在星期二和星期三的午睡前後留意妮妮的一舉一動，結果發現，星期三下午學校有外聘的體能老師來上課，而這位老師對妮妮有些不規矩的舉動……

為什麼要談這個案例？這其實並不是最近發生的一個事件，但因為《親子天下》曾經出了一個專題談如何合宜的獎懲孩子，引起很多家長的迴響；我也在曾受邀到一個親職節目，談的題目竟也是關於怎麼獎懲才有效。

這讓我有些憂心，擔心父母們學了如何獎懲之後，就開始用獎懲來應付孩子的各種問題行為，卻忘了更重要的事：「先了解原因」！

在上面的例子中，還好媽媽和老師攜手合作進行的獎懲不是太有效，如果妮妮當時真的很想要媽媽或老師的獎勵，因而把自己受欺負的恐懼和委屈壓抑了下來，事情恐怕會一直持續下去而沒有人發現，而媽媽和老師說不定還覺得自己的管教方式真有效。這會是多嚴重的後果！

所以，管教孩子不要求速效，即使獎懲看來是多麼的立即有效，身為父母和老師也一定要先了解原因再出手，不要一下子就把獎懲拿出來用。獎懲會立即改變幼兒的行為，但壓下眼前令人頭痛行為的同時，很可能真正問題的癥結根本沒有被處理。所以，在進行獎懲前，務必先了解孩子行為發生的原因，不要冒然進行介入，這是很重要的提醒！

診斷行為，從觀察做起

在上一篇文章中提到，要管教孩子之前，一定要先弄清楚孩子行為的原因，根據原因做適當的處理，不要一下子就把獎懲拿出來用，以免管教無效，甚至造成不必要的遺憾。

但很多父母就問了，孩子還這麼小，問也問不出個所以然來，到底要怎麼知道孩子行為背後的原因呢？以下提供重要的原則給父母參考。

觀察孩子不同領域的發展

首先，先判斷孩子令人困擾的行為是「一直以來都這樣」，還是「最近才發生的行為」。如果是「一直以來都這樣」，原因通常與孩子本身的發展狀況有關，這時父母就要從「身體」、「語言」、「認知」、「社會情緒」等幾個主要的面向去觀察。在觀察時要留意的是，孩子的發展之間是環環相扣的，所以要每個發展領域的可能性都仔細思考過。

舉個例子來說，孩子的人緣不好，小朋友都不喜歡跟他玩。這時，父母不要一下子就認定他是社會互動能力出問題，急著幫孩子安排和其他孩子互動的機會，或拚命教孩子要主動和別的小朋友玩，

觀察一下，孩子的問題出在哪裡？找出行為背後的原因

身體	認知	語言	社會情緒

而是應該每一個領域都觀察一下。

在這個例子中，父母可以先從「身體」領域開始觀察，有時孩子受排斥原因可能非常簡單，例如臉上常掛著鼻涕，這種情況其實只要一張衛生紙就可以解決問題，根本不需要大費周章的教導人際技巧；或者說，如果臉不擦乾淨，教再多人際互動技巧也毫無用處。

觀察過後如果問題不在身體方面，則可以再想想，問題是不是出在「語言」能力上。例如在「語音」方面，孩子是不是說話時老是口齒不清，讓人都聽不懂，或是在「語用」方面特別弱，常說些白目的話。如果是，則讓孩子接受語言治療或提供案例教導，就可以大幅改善孩子的狀況。

思考過語言領域的可能性後，可以再想想，問題是否出在「認知」領域。例如孩子的學習能力較弱，每次分組都不會做，所以小朋友才不想跟他一組，這時可以請老師協助，提供孩子難度較低的作業，或安排小天使協助他。

若上述原因都排除了，則可以從「社會情緒」方面去觀察，透過繪本故事分享及人際互動機會的提供，改善孩子與人互動的技巧。

找出重複的人事物交集

另一種情況，如果孩子的不當行為是「最近突然出現的」，父母就要特別留意，事出必有因！通常有某些事正在發生，才導致孩子異常的行為。這時，父母要做的事，是在每次孩子出現不當行為時，就留意有什麼特別的「人」、「事件」、「場合」或「時間」伴隨出現，經過幾次觀察之後，「重複出現」的人或事或物的交集，通常就是我們要的答案。

舉個例子來說，一個孩子最近突然變得很愛攻擊人，父母就可以觀察一下，每次他打人，是不是有重複出現的人事物。如果父母發現，每次重複的是「人」，例如他每次攻擊的都是同一個小朋友，則接下來要處理的就是他和這個小朋友之間的恩怨；如果重複的是「時間」，例如他每次打的都是不同的人，但每次時間都是在早上剛入園時，則可能是孩子睡眠不足，導致早上情緒不穩，此時父母要做的是調整孩子的作息；觀察的結果也可能重複的是「事件」，例如孩子每次攻擊的人和時間並不特定，但是每次都發生在有人開他玩笑的時候，父母要處理的就是孩子自尊受損的問題了。

不同的原因需要的處理方式不同，因此，管教要有效，一定要先把原因弄清楚才能對症下藥，「誤診」的結果可能使管教毫無效果，甚至讓情況更加惡化。所以，想成為有效能的父母，就先從觀察孩子做起吧。

有效管教，只有獎懲並不夠

談到有效的管教，父母腦海裡浮現的可能是：「到底用什麼方法可以立即讓孩子聽我的話，讓孩子乖乖去做。」當孩子能夠立即順從，似乎就是管教成功。事實上，管教並非一蹴可幾，而是一個長期的、幫助孩子可以信任父母的歷程，因為信任，所以孩子對於父母給予的建議，願意順服。

小孩之所以願意聽從父母的建議，有兩個理由：

一是在親子互動的過程中，孩子已建立出對父母的信任感。他知道父母給他的建議確實是經過考量，而且是他目前經驗所不能及的。

二是孩子因為理解了緣由，所以願意順服父母的意見。他知道父母為什麼要他這麼做，而且他有責任、也應該這麼做。

在這兩個前提下，有效的管教是一個必須長期努力才能達到的結果。透過一定程度的行為獎懲，也許暫時可以讓孩子立即聽從，卻不見得能夠內化成為長期的管教成效。要達成管教的長期效益，除了獎懲以外，父母還要朝兩個方向努力：認知上給予規則的教導、情感上給予體驗。

只有認知的規則教導，沒有情感經驗的涉入，道理都懂，但行為上做不到，因為認知和行為之間存在落差。就像父母這一代的公民與道德學了一大堆，即使考了一百分，也不代表不會說謊、不會犯罪。所以認知教導和情感體驗都要做才算完整的管教。

認知上規則的教導：先讓孩子知道什麼事不該做

面對孩子的行為，現代父母經常出現兩個極端，一是過度自由派，另一種是過度要求派。

過度自由派的家長認為孩子的任何行為都很可愛，即使他亂發脾氣，或搶了別人的玩具。這類父母認為，這些行為是孩子發展上的必然現象，理應尊重，讓其自主發展。但是，年幼的孩子在生活中需要一定程度的紀律教導及社會化的引導。過度放任並不代表尊重小孩，而是父母沒有在孩子社會化過程中，扮演該有的引導及約束角色。

而過度要求派的家長則希望，孩子必須照父母所期望的方式表現，例如要有禮貌、良好的生活自理能力等，甚至容易泛道德化，認為孩子理所當然該具備好品格，所以在行為上有許多的約束。這類家長認為自己的期待很合理，並以為自己講了一番大道理給孩子聽之後，孩子就能出現正向的行為。

殊不知「講道理就有效」本身就是管教上的迷思，尤其是愈年幼的孩子，父母希望講完道理，孩子就能明白為什麼要守規矩的道理，進而做到，這是不切實際也不合理的期待，隱含著對幼兒理解能力以及對行為教導上的許多誤解。

父母需要釐清一個觀念，在零到六歲孩子成長的過程中，父母扮演照顧者、玩伴，還有另一個很重要的角色是：在孩子社會化過程中扮演關鍵的引導者與教導者。每個社會對何謂恰當的行為有一定的期待，父母必須幫助孩子在滿足自己個人需求的過程中，又能夠符合社會的期待，但這些規則不是孩子理所當然就應該知道，而是父母要教、孩子要學，才能獲得的。

年幼的孩子經驗不足，出現了成人覺得不該發生的行為時，很多時候是因為小孩根本不知道這是不應該做的事，所以規則的說明和教導很重要。如果沒有教導，當孩子出現不當行為就處罰他，則是所謂「不教而殺謂之虐」。孩子往往不是故意違反規則，而是因為他不知道這件事不能做。

例如小小孩看到別人的東西很喜歡也很想要，就隨手拿走了。做這件事時，他心裡不會想到「我偷東西」，他想的是「我喜歡，所以我拿走」。如果父母在這時給予非常嚴厲的斥責與處罰，指責他偷東西是不對的，過度道德化的結果，年幼的孩子除了感受到恐懼，可能仍然搞不清楚自己到底做錯什麼事情。

但是經過物權概念的規則教導，告訴孩子，別人的東西我們不可以拿，什麼東西是自己的，什麼東西是別人的，別人的東西要拿之前必須問過人家。如果有經過這樣的教導，則孩子在認知上大概就能理解物權的概念，下次再有類似的情況，小孩想再拿別人的東西，父母就要提醒他，這是不對的，如果孩子再犯，就需要給予必要的懲戒與處分。但父母同時也要再去進一步了解，為什麼孩子已知這件事不對還是不斷去做，有沒有什麼背後的原因。

在認知層面的規則教導，可以透過童書、機會教育來達成。繪本和圖畫書是很好的規則教導媒介，現在有很多傳達小小品格的童書，在事情還沒發生之前，父母可以透過「故事」讓孩子知道規則。

生活中也有很多機會教育的時機，例如帶孩子去餐廳，有其他小孩大呼小叫，或是去便利商店看到小孩為了買玩具躺在地上撒潑，父母可以趁機告訴孩子：「剛剛那位小朋友的行為，媽媽覺得……因為……」

認知上的教導還需要「帶著孩子一起做」。父母希望孩子學刷牙，那就先示範一次給他看，並且一遍又一遍的帶著他一起刷。期待孩子收玩具，就一次又一次的帶著他一起分類、收納。不需要一直口頭訓誡：「刷牙很重要，不然蛀牙的話，牙齒會爛光光。」幼兒連牙齒都還沒有長齊，一口爛牙對他們來說是無法體會的經驗。

帶著孩子一起做，小孩才能從中習得知識與經驗，愈小的孩子，行為要被建立，一定需要一遍又一遍的重複練習。下了這些功夫，至少做到了認知上的規則教導，孩子開始對於社會上的規範，就會有一些認識。

情感的涉入：用同理心讓孩子分別對錯

只有規則的教導，孩子也許知道這件事不該做，但是在行為上不一定能做得到，這是因為動機面的教導還需要同理心的涉入。

例如A小孩看見旁邊的B小孩有餅乾，A很想吃，但B就是不請他吃。於是A趁著B不在的時候偷吃了餅乾。在實驗時，我們問A小孩：「偷吃餅乾對不對？」A知道這是不對的行為。再問A小孩：「偷吃餅乾是什麼感覺？」他會回答：「很快樂。」

A小孩的思維是：「除非我偷吃餅乾的時候有人在場，那麼我會被處罰。否則，雖然我明知道這是不對的事，可是我很想吃，我還是拿餅乾來吃。而且餅乾很好吃，我吃到餅乾覺得很快樂。」

A小孩也許沒有「自己的餅乾被偷吃」的情感經驗，所以他也無法同理B小孩的餅乾被偷吃了的心情。四到六歲間，孩子的道德情緒開始萌芽，對別人的處境會有一些同理心，這個時候家長在管教時，就可以進行情感的涉入。

例如，孩子搶了別人的玩具，還不小心弄壞，對方哭了，父母可以告訴孩子：「你把他心愛的玩具拿走了，還弄壞，他很難過，所以哭了。」有了同理心的情感教導，幾次之後，孩子在面對誘惑情境時，認知上知道這件事不該做，情感上也會有罪疚感，才有辦法真正自我抑制不當的行為出現。

三歲以前的孩子，在認知上無法理解規則，但情感的經驗仍然可以進行。當孩子出現父母認為的不當行為，不論是亂丟東西，或是亂跑、尖叫……最好的方式是「從後方緊緊抱住」幼兒，並在孩子身邊輕聲而嚴肅的說：「不可以……」同時「帶離現場」。

透過身體的感受過程，年幼的孩子會知道，父母是要制止他的行為，同時也可以學會「只要我聽從，我就不會被帶離遊戲的現場」。這比用口頭講的來得有效果。

好行為的增強：給孩子言之有物的讚美

當認知教導及情感體驗都運用了之後，孩子出現了好行為，父母要運用一些獎勵增強孩子的好行為。零到六歲是孩子的行為建立期，行為的增強物有原級增強、次級增強及社會性增強，方式有連續增強及間歇增強。

孩子喜歡什麼食物，我們就給他吃什麼，孩子立刻得到他要的增強，這是原級增強。給他錢或星星貼紙則是次級增強物，但接下來必須要使用社會性增強，而「讚美」就是最佳的社會增強物。

給糖果等物質性的獎勵，對孩子來說，只是一時的感官滿足；但好行為獲得父母的稱讚，孩子會有驕傲的感覺，是一種長期的自尊感。讚美他是個好孩子，這個標籤是貼在他這個人身上，代表他是一個很好的人，可以培養孩子以自己為榮的榮譽感。

值得注意的是，讚美必須言之有物，不是隨意的亂讚美，空泛的讚美「你好棒」，時間久了，孩子容易自我感覺良好。言之有物的讚美是「即時」、「具體」。例如孩子畫了一幅畫，父母稱讚他畫得很棒，這是不具意義的讚美。有意義的讚美是告訴他，顏色用得很漂亮，或是線條構圖很有創意；或是也可以讚美孩子在畫畫的過程中很專注，強調他的學習態度值得稱許。

透過連續增強建立起行為後，爸媽可以再運用間歇增強，讓孩子的行為得以維持，直到成為孩子內在能力的一部分。不少家長期待，把孩子送到幼兒園就可以學會規矩，事實上，當管教拉回家庭時，教出自律小孩的效果最好。一方面是老師不一定採取最適合你家孩子的教導方法，二來是因為老師在孩子心中仍是權威的代表，團體中又有同儕壓力，孩子因為害怕權威而在當下服從。但父母必須思考的是，如果管教必須倚賴老師在場，那孩子離開學校之後的生活，父母該怎麼辦？

如果管教是自己下功夫經營得來的，孩子和父母的關係就是非常正面而且親近，同時願意順服父母。因為透過一次次的學習經驗，孩子會知道父母是在幫助他，不是找他麻煩，同時明白，父母的要求顯然有道理。

管教三部曲，行為教導、認知說理再加上情感的體驗，爸爸媽媽用心體會用心做，下功夫用心教導過的孩子，整個人的品質就是不一樣。當孩子從心中願意順服父母的教導時，這樣的管教就真的成功了！

CHAPTER 2

如何進行，繼而針對智力的重要成分進行說明，希望能幫助父母了解促進孩子智能發展的方法。

最後，如果父母察覺到孩子有注意力的問題，在最後這篇文章中，我提供對孩子注意力內涵的說明，並附上檢測的工具，希望幫助父母分辨孩子的狀況，必要時可以尋求進一步的醫療協助。

養出
好腦力

想不想要孩子聰明優秀、腦袋好用呢？在「養出好腦力」這章的第一篇文章中，我將說明養出孩子好用大腦的六大關鍵要素，想要孩子頭好壯壯的父母一定不要錯過！

看完第一篇，爸爸媽媽就會發現，要養出孩子好腦力，最重要的不是去補習班學知識或花大錢做潛能開發，而是要從生活細節做起！接下來，我就會從最基本的生理層面開始，介紹如何讓孩子好好吃飯、乖乖睡覺，先把生活作息建立起來。然後，我會介紹認知發展的基本概念，接著介紹「身體活動」、「閱讀」和「感統練習」等對早期腦力開發很有幫助的活動該

掌握六要素，長出聰明大腦

腦科學的進展，改變了我們對嬰幼兒教育的看法。研究發現，零到六歲是人類大腦發育最重要的時期，在這段期間，腦神經元之間會因為環境的刺激快速的連結，因為每個孩子成長環境的豐富度和回饋品質不同，所以腦神經元之間連結的情況也會有所不同，結果就形成一顆顆獨一無二的腦袋，每個孩子就會帶著他這顆腦袋，展開他人生的旅程。在那之後，大腦雖然終身都有可塑性，但再無一個時期如同童年時期可以完成這麼多的腦部建構。所以，零到六歲這段時間建構出來的大腦結構好不好用，就影響孩子一生的發展。

那麼，怎麼樣才能幫助孩子建構一顆好用的大腦呢？根據研究，影響孩子腦部發展的六個主要因素為：遺傳、身體活動、飲食、探索與藝術、關愛和學習。父母如果能把握這些要素來幫助孩子，對孩子的腦部發展將有很大的助益。

1、遺傳

孩子會得到父母的遺傳，基因的強大力量將使得孩子不僅長得像父母，腦袋聰不聰明、個性好不好，其實也都會與父母相像，正因為孩子會像父母，當忍不住火冒三丈的指責孩子的時候，或許可以想想孩子的拗脾氣是否正是自己的最佳翻版；當孩子書讀不好時，不妨反省一下，自己當年也未必是多高明的學生。有了這樣的體認，父母不妨對自己對孩子多一點欣賞和寬容，與其生氣不滿，不如想想如何幫助孩子從自己的基因版本往上升級。

2、身體活動

身體長得健康，腦袋才會好，反應才會快，智力、語言、社會情緒的發展也才有根基。嬰幼兒時期需要大量的感官和身體活動，父母希望孩子發展得好，在嬰兒時期就要多擁抱、撫觸、讓孩子儘量爬行、翻滾、玩耍；孩子會走會跑以後，每天盡可能要讓孩子至少有三十分鐘以上微微出汗的大肌肉活動，跑、跳、翻滾、玩耍都對孩子有益。身體的活動量愈足夠，孩子不僅身體愈強健，更重要的是，運動後腦內的多巴胺和血清素會上升，對孩子的腦部發育非常有好處。

3、飲食

嬰幼兒吃進的食物一大部分在供應腦部發展所需，所以營養非常重要！孩童飲食和學業成就的研究指出，「健腦食物」對孩子的學習表現特別有益，這些食物富含大腦運作所需的養分，因而有助於平穩孩子的情緒並改善孩子的專注力。這些食物包括了大量的深色蔬果、高品質的蛋白質、足夠的水分、鈣質、堅果和魚油，父母要留意孩子的日常飲食是否包含這些食物並有足夠的量。另外，父母也要特別留意，零到六歲嬰幼兒的腦部還很脆弱，高糖分食物和食品添加物對腦神經會造成嚴重的危害，「多吃食物、少吃食品」是一定要留意的原則。

4、探索與藝術

嬰幼兒時期，腦神經元一方面快速連結，但也大量同步在修剪。研究發現，伴隨著強烈情緒的經驗容易在大腦留下較強韌的連結，而較弱的連結很容易被修剪掉。當孩子解決具有挑戰性的問題，或參與音樂、舞蹈、藝術創作活動時，高度的心智投入和情緒激發可以帶來最好的學習效果。而在嬰幼兒時期，挑戰性的問題解決和藝術活動可以用「玩」來歸結，在豐富的環境中，讓嬰幼兒自發性的充分遊玩，是讓孩子長出聰明大腦的最佳途徑。

5、關愛

足夠的關愛也是長出健康大腦的必要條件！早年一系列對受虐兒童的研究發現，受虐兒童常伴隨學習遲緩的現象。但為何孩子身體受虐卻造成腦袋變笨呢？近年腦部造影的研究發現，許多受虐兒的腦部有明顯的萎縮型態，科學家因而推測，是受虐時極大的恐懼使腦內壓力荷爾蒙升高，因而使腦部受損。後續以精神受虐兒童為對象的研究證實了這一點，這些孩子身體沒有受虐，但長期被責罵、羞辱或惡意忽視，腦內壓力荷爾蒙過高而傷害了腦部。而之後的研究甚至發現，孩子本身根本不用受虐，光是長期目睹父母家暴，看到自己的父母互相傷害，這些孩子的腦部也出現了類似的創傷型態，所以，「愛」是大腦發展重要的保護因子！

我在演講時常常跟父母們說，如果希望孩子的大腦發育得好，最好的辦法不是花大錢送他去潛能開發，而是先給孩子一對相愛的父母和一個溫暖的家庭。

6、學習

這項大概不用多講，所有爸爸媽媽想得到的、可以幫助孩子更聰明更優秀的活動都包括在內。但要請父母留意的事情是，前面幾項說穿了就是給孩子的基本生活照顧，如果孩子的基本生活照顧做得好，有大量的身體活動、好品質的飲食、豐富的玩耍和探索，再加上足夠的關愛，六大要素已經完成了五項，孩子身體健壯了，玩夠了，愛也滿足了，大腦發展一定差不到哪裡去；但如果父母只注重最後「學習」這一項，拚命讓孩子學東學西，卻忽略了基本的生活照顧，結果就是現在很多孩子的樣貌，例如好像很聰明會很多事，但體能差、脾氣壞、挫折容忍度低、一天到晚覺得無聊、不愛自己、對別人也缺乏同情。

大腦的結構和運作決定孩子的智力、情緒和性格，請父母一定要把握影響孩子腦部發展的六大要素，幫助孩子建構一顆好用的腦袋，一生受用！

吃飯皇帝也頭大

孩子吃進去的食物影響大腦與身體發展甚鉅，但光是要讓孩子好好吃飯，也常常是父母很大的煩惱。挑食、邊吃邊玩、一頓飯吃超久……每天都要吃飯，如果孩子不好好吃飯，每天三餐像打仗，誰勝誰敗都不好過，還真是令人頭痛！

不好好吃飯的狀況最常見的有以下幾種，就讓我們一個一個來看看該怎麼辦？

1. 吃不下

有些孩子好像都不太會餓，東西只吃一點點，或一頓飯吃到天荒地老都吃不完，父母擔心孩子營養不夠，只好又哄又騙的跟在後面哀求孩子吃。遇到這種情況，爸爸媽媽可以先做幾天紀錄，看看孩子每天吃東西的「時間」、「內容」和「量」。記錄之後檢查一下，在「時間」方面，是不是吃東西的時間太頻繁了，因為擔心他吃不夠，所以餐跟餐之間又給了點心或其他食物？在「內容」方面，是不是給太多高糖分、油炸或高熱量的食物？在「量」的方面，留意一下孩子大約吃多少的量就覺得飽，有時飽不飽只是父母或祖父母自己的感覺，覺得孩子一定要吃到什麼程度才算飽，這未必是孩子的感受。

另外，白天的活動量太少也是吃不下常見的原因之一，確認孩子每天都有足夠的身體活動量，孩子動得夠，食物健康均衡，餐與餐間隔時間足夠，吃不下的狀況通常就會改善。

2. 不專心吃

另外常見的狀況是孩子邊吃邊玩，這大概都和習慣的養成有關。例如，太晚放手讓孩子自己吃飯，吃飯涉及很多身體技能，孩子學握湯匙、扶碗、把食物送進嘴巴等等，都需要專注和手眼協調，自己吃之後，孩子還可以根據自己咀嚼的速度來進食，但如果孩子明明已經有能力自己吃了，但父母或祖父母還一直在餵孩子吃，不只孩子的能力發展受影響，他自己該做的事有別人代勞，當然就會想找別的事情來做。另外，父母和孩子都一樣，吃飯就吃飯，不要邊吃邊看電視或邊吃邊滑手機，排除無關的干擾，專心享受食物，也是重要飲食習慣的養成。

3. 不會吃

這是比較嚴重的狀況，除了握湯匙等一般性的手眼協調，有時孩子吃不下或不好好吃，其實是因為咀嚼肌肉的力量太低或舌頭動作協調不佳。最常出現在發展遲緩的孩子身上，有時則是因為父母太晚給孩子吃副食品，到一歲左右了還以奶水為主食，導致孩子沒有機會好好訓練口腔肌肉。如果是這種情況，可以給孩子一些需要較費力咀嚼但較有味道或有甜味的食物，讓孩子多鍛鍊相關的口腔肌肉，也可以把較難咀嚼的食物稍微剪碎，混在平常的食物中讓孩子吃。舌頭的部分則可以和孩子玩小狗舔嘴巴的遊戲，引導孩子上下左右內外伸展及收縮舌頭。

4. 挑著吃

挑食的問題可能是心理因素，也可能是生理因素。常見的心理因素是孩子面對新食物不敢嘗試，所以父母提供孩子沒有吃過的東西時，可以介紹一下新食物，吃給孩子看，也許必要的時候還可以像美食節目一樣誇張的表演一下有多好吃，讓嘗試新食物變成好玩的事；另外也可以把孩子較不喜歡的食物混在他喜歡的食物中，或是透過一點遊戲的方式，例如讓孩子動手做、裝飾食物或擺盤，自己做的東西通常會變成好吃許多。

生理方面的因素就比較棘手，孩子有可能是因為味覺或觸覺敏感，因此對特定的食物感到格外排斥，如果是這種情形，父母就不一定要勉強孩子非吃不可，只要孩子營養足夠，沒有人規定一定要所有的食物都吃才叫做不偏食，大人自己也會有不敢吃或不愛吃的東西，沒有必要為了勉強孩子硬吃不喜歡的食物而弄壞了吃飯的氣氛。但味覺或觸覺敏感的現象可以透過漸進式的接觸來改善，所以，父母可以鼓勵孩子，不愛吃的東西還是吃一點，很少很少的一點就好，如果孩子吃了就讚美鼓勵他，再慢慢增加分量。

寶寶的睡眠和哭泣

懷胎十月好辛苦，真希望寶寶趕快出生，但等寶寶一出生，爸爸媽媽才發現，啊！原來懷在肚子裡多輕鬆呀！到底新生的寶寶要怎麼照顧才好呢？我每次做嬰幼兒的親職演講時，最常被問到兩個問題，一個是「寶寶何時才能睡過夜？」以及「寶寶哭了要不要抱？」我的建議是，順著孩子的狀況做判斷，不要相信標準答案。

寶寶何時才能睡過夜？

新生兒大部分的時間都在睡覺，每天大約可以睡十六到十八個小時，隨著月齡增加，白天會睡得少一些，夜裡睡得長一些，愈來愈符合日夜的節奏。通常爸爸媽媽比較關心的是「寶寶什麼時候才可以睡過夜」，讓父母可以不再黑眼圈。

通常到了兩個半到三個月左右，嬰兒夜裡睡覺的時間會拉長，大約四個月左右，多數父母大概可以如願睡個較完整的覺。如果想讓寶寶順利睡久一點，白天可以讓嬰兒接觸一點陽光，例如下午的時候帶出去散散步，晚上會比較好入睡，睡前則要讓嬰兒吃奶吃飽，並給予輕拍及安撫，對較深長的睡眠都有幫助。但每個孩子狀況不太一樣，有些較敏感的孩子就一直很不好睡，遇到這種特質的寶寶，父母只好多忍耐一下，到六個月左右，嬰兒會開始分泌有助睡眠的褪黑激素，到時候睡眠狀況就會明顯改善。

此外，有很多父母問我「百歲醫生教養法」是不是有效，希望能藉由讓嬰兒哭個夠來訓練嬰兒睡眠。老實說，除非父母能排除嬰兒的哭泣不是其他原因造成，否則是很危險的做法；嬰兒長時間劇烈哭泣會造成腦內壓力荷爾蒙飆升，可能會損傷腦部，同時，每個嬰兒的氣質不同，不是所有的嬰兒都可以這樣訓練。嬰兒要睡過夜要有生理條件的支持，不是狠下心強制訓練就可以做到。建議父母還是順著孩子的需要和性情來照顧寶寶，不要盲從才好。

至於寶寶要獨睡還是和爸媽睡，就看父母的選擇了。西方國家可能傾向於讓寶寶獨睡，但東方國家較多讓寶寶睡父母身邊。跨文化的研究發現，睡在母親身邊的寶寶入睡較快，性格較滿足平靜，獨睡的寶寶則睡前花較長的時間自我撫慰或焦躁哭泣。這沒有好壞之分，就看父母覺得讓孩子舒服安心比較重要，還是夫妻留自己的空間比較值得。

寶寶哭了要不要抱？

嬰兒都會哭，但哭了要不要抱呢？

孩子一哭就抱的狀況，最常出現在第一胎，第一個寶貝在眾心期盼下出生，只要一哭，爸爸、媽媽、爺爺、奶奶、外公、外婆就全員到齊如臨大敵，好像孩子哭是很嚴重的事……另一個極端是孩子怎麼哭都儘量不去抱他，最常見的理由是有老一輩的人諄諄告誡說孩子寵不得，愈抱會愈愛給人抱，要少抱才會好帶，或是看了百歲醫生的書，想訓練嬰兒來配合父母。

老實說，不管是哪種做法，真的都太極端了！

嬰兒哭是很正常的事，每個嬰兒都會哭。新生的嬰兒因為神經生理還不成熟，有時會莫名啼哭一陣，這沒有什麼關係，而且嬰兒哭一哭有助強化心肺功能，也算是嬰兒很好的運動，所以嬰兒哭其實不用太緊張。

但重要的是，父母要了解嬰兒為什麼哭。嬰兒會在飢餓、不舒服或有需求時透過哭泣來傳達自己的狀態，因為嬰兒還不會說話，哭算是他的第一個語言；有些自己帶寶寶的媽媽會發現，嬰兒在不同的情況下哭的方式和聲音不一樣，細心的媽媽甚至可以根據嬰兒的哭聲來分辨寶寶究竟是肚子餓了？尿布溼了？身體不舒服？還是只是想找人玩？

因為哭泣是嬰兒在傳達自身的狀況，所以，合理的做法是，當嬰兒哭的時候，爸媽應該要去回應他。但回應的方式不是一哭就抱，而是應該要去看一下孩子的狀況，如果是餵食的時間到了，就餵他；如果是尿布溼了，幫他換；如果是發燒或身體不舒服，趕快就醫；如果只是想找人玩，就抱抱他、逗逗他和他說說話。也就是說，哭了要不要抱是一個太過簡化的問題，父母要做的是，在孩子哭泣時，根據他的需求有效的、合宜的回應他。

這種根據孩子需求做出的合宜回應非常重要，孩子會學到他發出的訊號是有意義的，對之後更有區辨性的主動行為及反應很有幫助，關係到早期智能的發展。

有時候，出生幾個月的嬰兒在睡前會大哭一陣才睡著，如果嬰兒沒有什麼異狀，父母不用太擔心，因為有些嬰兒的確會在睡前藉由哭來宣洩壓力。有時嬰兒哭是因為肚子餓，如果連著好幾次都是餵食時間還沒到就哭，父母不要為了訓練寶寶固定時間吃奶而去餓他，因為嬰兒可能是胃長大了一些，只要增加奶量就可以讓餵食時間恢復正常。

此外，有時父母會遇到嬰兒持續啼哭不止，尤其是在黃昏的時候發生，一哭就是好幾個小時，令父母抓狂，就醫也檢查不出個所以然來，這時醫生可能會告訴父母說可能是腸絞痛。目前所知，腸絞痛可能只是反映嬰兒胃腸發育不成熟的暫時現象，當孩子哭泣時，讓他趴著，拍拍他的背安撫，或是幫孩子做一點腹部按摩舒緩不適，三個月大之後通常會改善。

當然，有時嬰兒哭純粹是因為情緒上的需要，想要父母的擁抱和安撫。有些父母會擔心，一直抱會不會寵壞了孩子？其實孩子的需求滿足了，就不會想一直被抱著，會想去玩；嬰兒的頭一年也沒有寵壞的問題，父母要做的是根據孩子的需要去回應他，嬰兒需要大量的撫觸和擁抱，如果孩子現在的需求就是抱抱，爸爸媽媽就張開雙臂好好擁抱他吧！

最後，可能有老一輩的人教導說嬰兒哭了不要抱，自然就不太哭了，這樣的做法並不恰當。孩子哭都不去回應的父母可能發現，哦！真的很有效哦！只要孩子哭都不要去理他，孩子真的就不太哭了。心理學上有個名詞叫做「習得無助」，當時做的是狗的實驗，把狗關在電擊箱中，如果狗試圖逃跑就會被電擊，之後，當電流切斷後，狗可以自由離開了，狗卻完全不再試圖逃跑，因為牠在之前的學習過程中學到，逃跑是沒有用的。同樣的，這些怎麼哭都得不到回應的嬰兒為什麼就不太哭了，因為人類的嬰兒是會學習的，他學到自己不管怎麼努力，都不會有人理他。父母或許覺得孩子都不哭了真好帶，但事實上，這是最典型的習得無助現象，是嬰兒的人生放棄努力的第一步。父母還是依需求回應孩子才是上策哦！

晚上不睡覺，全家貓熊眼

孩子睡覺前活力旺盛，一下要講故事，一下要玩玩具，最主要的原因通常是白天的活動量不足，身體和腦袋不夠累所致。建議爸爸媽媽不要再付出無止境的努力，在睡前硬撐著疲累的身體，伺候孩子層出不窮的各種要求，反而可以檢視一下孩子白天的作息是否有足夠的「身體活動」和「心智投入活動」。

身體和腦袋不夠累

在「身體活動」方面，二到六歲的孩子，每天至少要有三十分鐘到一小時，能夠活動到出汗的大肌肉活動，如果原本在氣質上就是活動量較高的孩子，則時間還要再更長一點，足夠的身體活動不僅可以維持孩子的健康，更有助夜間的睡眠。

在「心智投入活動」上，則要看看孩子是否有足夠的主動閱讀、探索、思考討論、自主操作等動腦筋的時間，有些保母或幼兒園在白天提供給孩子很多靜態活動，例如被動抄寫、仿做、黏貼等無聊的簿本作業，孩子沒有機會主動用腦袋思考，或是午睡讓孩子睡太久，如此，到了晚上，終於出現願意陪伴的爸媽時，孩子的學習需求一下子全倒出來，父母當然吃不消囉！

所以，為孩子慎選好的托育環境真的很重要，不只影響孩子白天的學習，還影響孩子晚上的睡眠。

習慣作息沒有建立

睡覺的時間和方式通常是「習慣」所致，而要建立良好的睡覺習慣，最好的方法是「規律的作息」和「良好的睡前氛圍」。在建立作息方面，孩子每天做的事最好有一定的規律，幾點起床，幾點上學，幾點吃晚飯、洗澡，然後幾點準備上床睡覺。建議父母要花一點心力去幫助孩子建立作息規律，讓孩子的生理時鐘可以建立起來，到了晚上睡覺時間到了，他自然就會想睡覺。

在睡前氛圍方面，睡前不要讓孩子從事太興奮的活動，說個晚安故事會是個好主意。睡覺時間到了，父母可以把房間的燈關暗，只留一盞閱讀燈就好，說完故事就只留夜燈，要求孩子躺好閉上眼睛，之後父母可以陪孩子躺一下，聊聊剛剛故事的情節或當天發生的事情，但眼睛都要閉著，直到孩子睡著再離開。

怕黑怕鬼不敢睡

有時孩子是因為怕黑不敢睡，或是因為聽到了什麼故事或看到一些可怕的影片畫面，心中有所恐懼，這種情況就暫時不適合放孩子獨睡，讓孩子在恐懼中獨自面對黑暗是件殘忍的事。父母要理解孩子心中的恐懼是非常真實的，有很多孩子甚至到了很大都還沒有走出對黑暗和鬼怪的恐懼。面對這種狀況，跟孩子說「要勇敢一點」或「沒什麼好怕的」，並不能解除孩子心中的恐懼，父母可以先跟孩子聊一聊，了解是不是有什麼事嚇到他了，如果發現孩子真的被什麼事困擾著，父母要表達接納，同意那真的很令人害怕，然後可以跟孩子分享自己小時候也會害怕的事，並和孩子說說自己是怎麼變不怕的，先讓卡在孩子心中的結可以解開或減輕。

如果孩子是因為聽了鬼故事或看了一些恐怖的影片，則父母可以用一些有趣的事物轉移孩子的注意力，或是用小天使和精靈等故事轉化孩子對鬼怪的印象，一步一步逐漸淡化孩子對這些恐怖經驗的記憶。若是有宗教信仰的父母，帶孩子禱告也是個好主意。

之後如果孩子仍害怕不敢睡，父母並不需要讓已經可以獨睡的孩子睡到父母房間，因為這樣大概就很難再訓練他回去睡了。建議父母可以買一個孩子喜愛的大布偶讓孩子抱著，開一盞小燈，睡前陪孩子說個溫馨可愛的睡前故事，並陪孩子躺一陣子，讓孩子閉上眼睛但握著孩子的手，等孩子睡熟了再離開，孩子有了安全感，心結也解了，通常一段時間之後狀況就會改善。

心智的開展：嬰幼兒認知發展

在嬰幼兒時期，認知發展並不像一般人所以為的在腦中單獨運作，而是與荷爾蒙以及視覺、聽覺、觸覺、味覺、嗅覺等感官刺激的輸入和解讀共同運作。由於孩子認知發展的狀況受到基因遺傳、身體狀況、環境刺激、學習經驗、心理因素等多重因素的影響，因此，想要讓孩子有好的認知發展，絕對不是背誦、記憶或抄寫可以獲致。而是要先確保孩子有充足的營養、睡眠、身體活動，先穩固基本盤，然後在嬰兒時期要跟孩子多說話多互動，讓嬰兒有很多看、聽、摸、嚐、聞等感官探索的機會；幼兒時期更要透過閱讀、遊戲、音樂、藝術、實際操作、親身體驗，在安全的情境中引發孩子的好奇、主動自發和堅持，這樣才能讓孩子有更好的認知成長。

要了解孩子的認知發展，有兩位發展心理學的大師一定要認識一下。第一位是皮亞傑（Jean Piaget，1896~1980），他主張人類的認知有基本的心理結構，在嬰兒時期，寶寶是透過知覺和身體活動來建立並精緻化其心理結構，到了幼兒期，孩子會逐步發展出心理表徵，例如心像和概念，此時孩子可以在大腦裡面透過對心理表徵的操弄來進行運思，孩子本身主動的探索是認知成長的要素；另一位是維高斯基（Lev Vygotsky，1896~1934），他特別看重社會文化對認知發展的影響，並主張語言的使用、成人的引導和同儕合作對認知發展格外重要。

認知是指解決問題的心智歷程，包含注意、知覺、學習、思考和記憶等活動，人類透過這些心智活動來獲得知識、使用知識並解決問題。

皮亞傑和維高斯基的理論對幼兒的教育影響深遠。從皮亞傑的理論我們學到，要讓孩子認知成長，從嬰兒時期就要多提供孩子感官體驗的機會，允許寶寶依照自己的需求和步調主動探索環境。而幼兒就像小小科學家一樣，父母要做的事是準備豐富的環境，讓孩子自發性的探索、操作來發現知識。此外，知識需要由孩子自己發現、主動建構，所以，自由遊戲對孩子很有幫助，而灌輸式的教育則對孩子有害無益，把孩子送去那種教很多、玩很少的幼兒園會妨礙孩子認知的成長。

維高斯基的理論則讓我們知道，對孩子最佳的引導是在孩子目前自己做得到的能力上，再稍難一點點的挑戰，如果父母適時的提供孩子一點提示和引導，而不是讓孩子漫無目的的操作或嘗試錯誤，則會讓孩子的表現更好；此外，讓孩子與其他能力較好的同儕一起解決問題，對孩子的認知成長也會有很大的幫助。所以，父母陪孩子玩，或是讓孩子和手足、同儕一起玩很有用，選擇幼兒園時則要選那種有機會讓孩子分組完成共同任務，一起合作討論解決問題的幼兒園，孩子才會有進步。

最後，要促進認知成長，知識的內容和運作一樣重要。還有兩件事爸爸媽媽可以多讓孩子做，第一件事是閱讀，這是促進早期認知發展的「超推薦」活動，既有知識的輸入，也有複雜的解碼運思，嬰幼兒愈早開始親子共讀，閱讀互動品質愈佳，日後的智能和學業成就愈高。另一件是教孩子一點「後設認知」策略，也就是在孩子思考、溝通或解決問題時，帶著他去想一想，自己解決問題的方法有哪些，在這些方法中，哪些比較有效，哪些比較沒效；例如孩子出門時要記一串待購物品名稱，可以讓孩子體會一下，怎麼記才不容易忘，是硬記？多複誦幾次？還是分類記？像這種對認知策略的覺察與教導，已經被發現和日後的學業技能特別相關，爸爸媽媽不妨以遊戲的方式多和幼兒玩一玩！

身體動動，智能情緒跟著好

從出生起，嬰幼兒身體的成長往往令父母感到無比驚奇。

平均而言，在體重方面，四至六個月嬰兒可以達到出生時的兩倍，一歲時約出生體重的三倍，兩歲時則會達到約四倍；身高方面，兩歲的幼兒身高已達成年高度的一半，之後每年約可長高五至八公分，兒童中期稍稍趨緩，到了青春期又是一次身體的成長陡增。在這個身體快速成長的過程中，父母可以親眼見證嬰幼兒身體比例的改變：從出生時頭大大、身體圓滾滾的娃娃比例，發展成為近似成人的身體比例；不僅如此，伴隨著骨骼和肌肉的發育，開始有愈來愈複雜精巧的動作發展。這一連串令人歎為觀止的過程，反映出大腦的逐步成熟，每一種展現的新動作，都代表了大腦運動皮質髓鞘化[1]的新進展。

嬰幼兒身體和大腦的發展速度，往往快得令父母感到驚奇。在這期間，父母該如何順應幼兒的發展，掌握有效的運動重點，幫助幼兒在身體動作，甚至是大腦和情緒都有最好的發展？

身體好，腦袋和情緒發展也會好！

過去對於身體動作的發展，「成熟」被認為是主要的因素，不管是哪一種文化下的嬰幼兒，他們的身體動作大致都依循「從頭到腳」、「從軀幹到四肢」的原則，依著動作發展的里程碑在發展。當然，「後天經驗」影響也很重要，有較多機會練習身體動作的嬰幼兒，不僅動作較熟練，在某些特定動作上，有機會多動、多練習的嬰幼兒，也比沒有機會好好動身體的嬰幼兒發展得稍早、也更好。例如有機會到處爬行的嬰兒，就比整天被抱在身上的嬰兒更強健，也早一點學會走路。儘管成熟和後天練習是重要的，但最新的研究指出，嬰幼兒身體動作的發展，還關乎嬰幼兒本身的目標和動機。

研究發現，嬰幼兒在自身動作的技能發展上，扮演了非常主動的角色。嬰幼兒之所以努力去學習新的動作技能，是因為他們想探索環境，為了達到特定的目標。例如拿取不遠處一個看起來很新奇的玩具，嬰幼兒會盡其所能的主動使用、甚至重組修正自己現有的動作能力來達成目標，讓新的動作能力因此逐漸熟練、形成。成熟、學習以及動機等三方面的研究發現，揭示了非常重要的教育意涵：如果在嬰幼兒身體動作發展的過程中，主要照顧者能根據嬰幼兒發展歷程，提供足夠的練習機會，給予豐富的探索環境，嬰幼兒

1 腦神經纖維的「髓鞘化」（myelination），是腦內部成熟的重要標記。我們可以把「髓鞘化」想像成絕緣材料（富含脂質的許旺氏細胞）一圈又一圈的纏繞在電線（軸突）外面，讓電流（神經訊號）能沿一定的道路迅速傳導。新生兒出生時，脊髓、腦幹已開始髓鞘化，之後陸續是與感覺、運動、以及運動系統有關的部位，最後才是與智力直接有關的額葉、頂葉區髓鞘化。

的身體動作可以有更好的發展。

或許有父母會問，身體動作發展好不好有那麼重要嗎？若父母以為身體動作發展「不過就是長高長壯，運動神經發達些」罷了，那可就錯了！事實上，身體動作發展好的孩子，不僅強壯健康，專注力與智能都較為優秀、情緒也更穩定。原因在於身體活動會影響內分泌：腎上腺素可強化心臟功能及改善低血壓，血清素可調節情緒並舒緩壓力，而多巴胺不僅有助睡眠，還能改善注意力，提升學習效果。

父母若能用心幫助孩子身體動作的發展，提供適合孩子的運動、律動、遊戲，並協助孩子在日常生活中，進行各種使用身體動作技能的活動，將會帶來極大好處，不僅幫助孩子長高長壯、身體強健，更對探索學習、穩定情緒與激發動機有莫大功效。那麼，在嬰幼兒時期，父母可以做些什麼事情來幫助嬰幼兒身體動作的發展呢？以下建議提供父母參考。

0～2歲寶寶運動重點：嬰兒按摩、身體活動與親子遊戲

嬰兒按摩的好處已得到許多研究證實。在早產兒的研究發現，身體撫觸可增加早產兒存活率；在產後憂鬱症母親的研究方面則發現，為嬰兒按摩不僅有助嬰兒早期發育，也可改善母體的內分泌；而對一般嬰兒的按摩方面，研究也發現，嬰兒按摩有助嬰兒的睡眠、消化、發育與情緒穩定。

要提醒的是，按摩過程要「多感官互動」，可放點音樂，與嬰兒要有眼神接觸，並隨時和寶寶說說話，例如「現在要按腿腿囉」、「手指揉揉，一、二、三、四、五」，如此，孩子的身體得到撫觸外，也有助發展嬰兒對自己肢體姿勢與位置變化的「本體覺」，並增進語彙、提升口語互動。

除了被動的按摩運動外，孩子能否產生「主動」的身體活動，更是零至二歲之間發展的重點。在零至二歲之間，嬰兒從會翻身、坐、爬、站、走，一直到會跑能跳，父母可以透過合宜的嬰兒運動或發展遊戲來幫助孩子。

目前相關的書籍很多，如《Smart Start：聰明寶寶從五感律動開始》等書籍，都是專業且親和的嬰兒運動實務手冊，父母不妨參考後照著做，不僅可以體會與孩子一同運動的快樂，更能看見孩子的進步。重要的是，在過程中父母要培養「尊重」及「鼓勵」的態度。尊重孩子眼前的發展，當他想要自主嘗試某些動作時，容許他做久一點，多做幾次，容許寶寶從錯誤中自我修正，觀察反應並適度給他不一樣的體驗和挑戰；同時，也別忘了抓住機會對話，解釋他正在做的動作，並鼓勵孩子進行新的嘗試。

而寶寶運動則是根據感覺統合的原理，透過親子互動來刺激寶寶早期的神經生理發展，引導爸媽與寶寶間輕鬆愉悅的互動，並培養彼此的信賴和親密感。寶寶運動對身體的好處有：

- 強化肌肉：透過寶寶運動強化嬰幼兒的肌肉。例如讓寶寶握著媽媽的手坐起來，可以鍛鍊手臂及腹部的肌肉。

- 促進平衡：人體左右對稱，左右交叉及通過身體中線的運動有助寶寶骨骼肌肉平衡發展，進而強化站立、坐姿、行走時的對稱性。
- 維持柔軟度：寶寶出生後脊椎會由胎兒時期的捲曲狀態慢慢伸展成平整的樣子，保持筋骨的柔軟有許多好處，例如能減少關節扭傷、筋拉傷。
- 自主性動作的練習：寶寶有一些與生俱來的反射動作，隨著神經生理的成熟，反射動作會逐漸消失，開始展現自主性動作，適度的運動有助自主活動能力的發展。
- 刺激前庭神經：前庭神經系統是透過連續刺激眼睛、腦部、身體等三部分的系統來主導平衡感的一個主要神經系統，良好的嬰兒運動可以幫助孩子感統的發展。

對情緒和親子關係也有好處，包含運動會使孩子更靈敏，好吃好睡，情緒也會比較愉快平穩，同時也可以增強父母與寶寶間的互動關係。有些父母不知道要和寶寶玩什麼，親子運動就是很好的選擇。透過安全的運動與寶寶互動，親子間可建立起良好的信任感和默契，為寶寶的身體和心理健康打好基礎。

3～6歲幼兒運動重點：穩定性、移動性、操作性活動

幼兒園新課綱已於二〇一二年正式上路，採取從幼兒發展的角度設計課程。在身體動作領域的發展上，專家結合了身體動作發展的里程碑與台灣幼兒的實證調查，提出了在幼兒階段的「身體動作發展重要能力指標」，非常值得父母參考。根據課綱「身體動作與健康領域」的設計，幼兒身體動作的發展有三個重點：

1. 穩定性：包括伸、彎、蹲、旋、擺等身體動作能力。

2. 移動性：包括走、跑、踏、跳、滑等動作能力。

3. 操作性：包括大肌肉的投、接、踢、擊、運，以及精細動作的揉、捏、抓、握、放。

孩子透過身體操控的活動，例如舞蹈、跑步等，學習及體會如何移動身體並取得協調平衡，也透過操作用具，例如打球、跳繩、玩遊戲器材等，學習各種操作、精細、穩定及移動等動作技能。

爸媽可藉這個指標，看看平時孩子的身體活動內容是否合宜，是否能均衡充足的運動到大小肌肉與精細動作。為了配合孩子身體動作發展各方面的需求，父母可以把運動和遊戲排入家庭生活節奏中，帶著孩子定時定量活動身體，若每天能有三十分鐘左右微微出汗的運動最理想。

研究指出，兒童時期的運動習慣會延續到成人，長期影響一個人的身體健康與運動意願；最新研究更發現，運動比藥物更能有效治療憂鬱症，再再

幼兒時期重要的基本動作技能

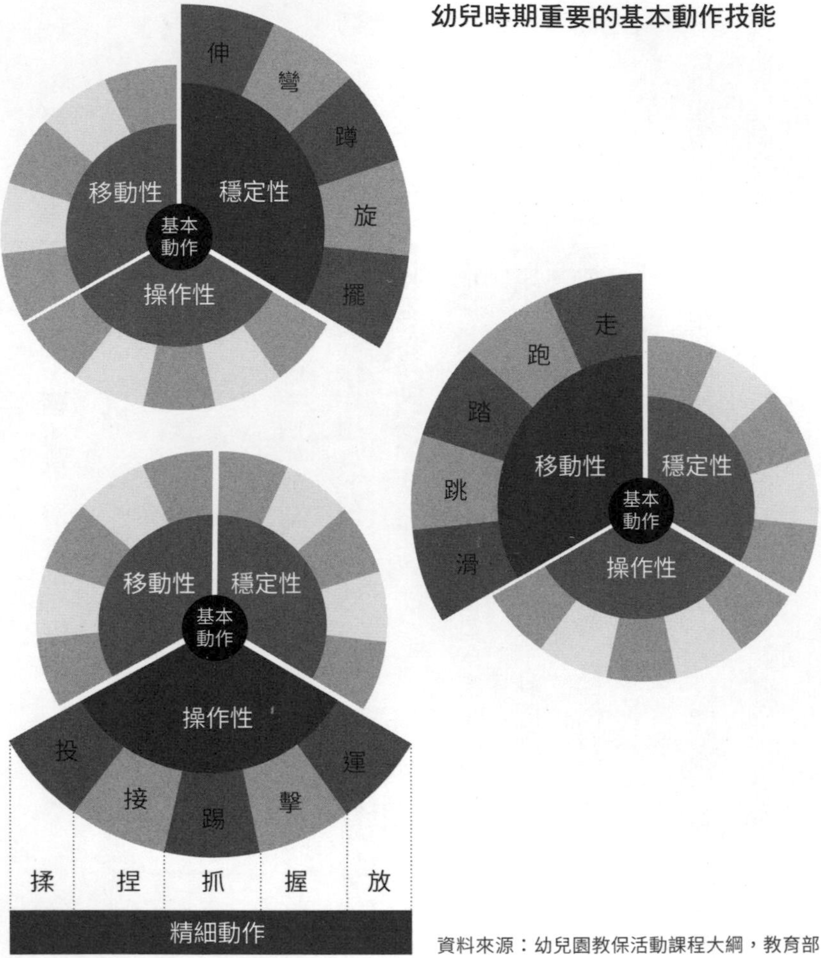

資料來源：幼兒園教保活動課程大綱，教育部

都顯示「運動習慣」是兒時的小小投資、終身大大受益的活動。

跟著繪本動次動，大腦更健康

如前面提到的，幼兒最重要的工作就是「玩」，玩愈多愈聰明，因為在玩的過程中，他的身體會動，與他人會有語言互動，還可能會跟別人吵架，所以要學習協商，整個過程對孩子身體活動、語言活動、大腦活動，都非常重要。所以從孩子小的時候，就讓他大量玩耍，玩沙、玩水、攀爬、在草地上翻滾；在家裡，可以放音樂讓孩子隨著音樂跳舞，或提供鍋碗瓢盆讓他敲打。多元的感官互動有助於刺激大腦，有了好的腦袋，將來學任何東西都可以學得很好。

如果真的受限空間、時間，也可以利用繪本閱讀，幫助孩子身體動作發展有非常多靈活的變化！比如有本繪本叫《你是一隻獅子！跟著動物們一起做運動》，故事開始是一群小朋友在草地上，想像自己是什麼動物，然後做各式各樣的模仿動作。翻開第一頁，會看到一個小朋友坐在腳後跟上、雙手放膝蓋上、伸出舌頭，想像自己是一隻在叢林裡放聲吼叫的獅子；下一頁另外一個小朋友坐在地上，雙腳腳掌互踢、抓緊腳趾、雙腿上下擺動，想像自己是一隻振翅飛翔的蝴蝶……在這本繪本中，藉著模擬各種動物的行為，讓孩子做出不同身體動作，享受伸展肢體的樂趣。

我們實際在幼兒園講這本繪本，帶大家做活動，讓小朋友想像自己是什麼動物，孩子們反應都非常好，你會發現教室裡如果有三十個小朋友，就有三十隻不一樣的獅子，有的獅子張開嘴巴大聲吼叫，有的獅子懶洋洋躺在地上睡覺，有的獅子在地上爬行……大人如果不要用刻板印象來教孩子，透過閱讀讓孩子展現各式各樣的創意，會發現他能想像出各種動物的各種姿態。

也許一個孩子能想到的創意有限，但是他會去看其他小朋友，發現「喔，我的獅子是這樣，他的獅子是那樣，原來有這麼多種獅子」，所以這是非常簡單，能透過閱讀開發孩子創意身體動作的一個示範。此外，還有很多可愛的繪本，例如《來跳舞吧》和《海蒂河馬愛跳舞》，就是讓孩子看了很想跟著動動跳跳的好媒材，書中的動物是如此享受著身體律動的快樂，孩子看了一定也很想試試。

值得一提的是，我有次聽一場演講，講者提到歐洲國家為了涵養孩子的藝術素養，從小在學校教育裡就讓孩子聽音樂、學舞蹈，他一邊播放一群歐洲國家的孩子正在跟著「馬祖卡舞曲」翩翩起舞的影片，一邊感嘆台灣孩子的共同經驗可能只有國民健康操。這讓我很有感觸，孩子身體動作的開發其實可以不只是停留在運動的層次，更可以結合音樂、藝術、律動、舞蹈，這些美好而多層次的組成需要更多認知和社會情緒的處理，不只「順便」涵養了孩子的氣質，對大腦的發展也會更有益處。因此，父母還可以選擇一些介紹音樂或舞台劇的繪本，例如胡桃鉗、天鵝湖等，講完繪本後跟孩子一起又動動身體、又開發大腦、又培養氣質吧！

在家就能做感覺統合訓練

「感覺統合」（Sensory Integration）原本是醫學名詞，主要針對發展遲緩兒童，如今似乎已成為關心孩童發展的家長與老師心目中，能幫助孩子發展的重要選項。

感覺統合是什麼？其實就是環境中的各種感覺輸入大腦，統合後透過身體做出合適的反應以應付不同的情境需求。這些感覺來自我們熟悉的視覺、聽覺、嗅覺、味覺、觸覺，另外再加上前庭覺、本體覺。豐富的感覺刺激有助於孩子腦部的發育和感覺統合的發展，感覺統合的結果，會影響大腦的成熟度與外在的行為表現，包含動作能力、環境適應能力、情緒調節控制能力，甚至課業學習能力。

老實說，人的感覺原本就是相互統合的，正常發展的孩子只要環境刺激和探索玩耍足夠，其實不太需要特別的訓練。但現在的問題是，很多孩子從小非常缺乏足夠的活動空間，加上大人可能抱得太多又保護太過，很少讓孩子爬或隨意探索，造成有些孩子走路很容易跌倒，平衡木不會走，動作不協調，有的孩子甚至上下樓梯都走不穩。因此有些父母會問是不是該讓孩子去上感統課程？或是買感統教具、玩具？

其實，從感統理論來看，多數孩子天生就有主動探索環境的本能，會自行尋求適當的感覺刺激來滿足自己的成長需求，因此若只是單純的感統刺激或遊戲，並不用花大錢買課程、教具、玩具，父母只要確認環境安全無虞，多放手讓孩子用身體動作探索，就能增加感官的刺激，讓孩子更聰明。像是公園、大自然就是最好的探索環境。此外，居家生活中也處處是感統玩具，比如小孩子都很喜歡玩沙，但不方便去戶外沙坑時，可以在家準備幾個臉盆和一些綠豆、紅豆、黃豆、米，就可以讓孩子玩了，用手搓、用腳踩，玩完洗一洗就好；我們家小孩小的時候我給他玩過麥片，即使吃進嘴巴也不用擔心會怎麼樣；這些大小不同、形狀不同、顏色不同的物件，能提供手腳不一樣的觸感。甚至，也可以讓小孩在家裡玩水，只要在浴室浴缸裡放一點水或臉盆裝水，就夠他玩一個下午。

各種回收材料也可以玩出很多創意，比如牛奶瓶、養樂多罐放入幾顆豆子，就是很棒的節奏樂器，上面還能自己彩繪；加根棍子搖身一變成了波浪鼓，家裡就可以組成樂隊。大紙箱也是很好的玩具，加條繩子讓孩子坐在裡面就能當小車車拖著走；或布置成祕密基地，裡面鋪個軟墊，門口用報紙或垃圾袋剪幾條線當門簾，孩子都很喜歡爬進裡面玩。

現在的父母為了表達愛孩子，很願意掏錢去百貨公司買玩具，這些「大部頭」的塑膠玩具，看起來很炫，但通常價錢昂貴、功能固定，孩子可能玩幾次就不玩了，丟掉可惜，放在家裡又占空間。其實讓他們玩日常生活中垂手可得、DIY的玩具最好，因為成本低廉，又能發揮創意、不斷推陳出新，玩膩了再做一個就好。

此外愈來愈多小孩上了小學、中學之後，常抱怨生活很無聊，因為他空檔時不知道要做什麼事，不知道生活中有什麼可以玩。如果父母從小允許孩子有很多的探索、很多的胡搞瞎搞，孩子到哪裡都能玩，習慣用各種大自然的素材、回收的素材，自製玩具自己玩，他以後會變成一個非常有創造力、聰明的孩子，生活也會比較豐富、不無聊。

最後，孩子在玩的過程中，一定會碰到困難，比如他想用積木做一台車子，做半天卻做不出來，這時父母不要急著出手幫忙（會剝奪孩子學習機會），也不要都不理他（孩子會覺得太難就不玩了），讓他自己摸索一段時間；如果發現他真的無法克服，可以在旁邊跟他一起玩，但不是教他，這個時候，孩子會看你在做什麼，改進自己的方法，你就在進行「平行示範」。等他克服卡關的節點後，父母就可以離開了，這能幫助孩子有更好的學習。

如何讓孩子更聰明：「智力」可以教嗎？

「智力」是指適應環境的思考或行動，或是我們一般所說的「聰明」。大概每位父母都很介意自己的孩子聰不聰明，有經驗的老師也都知道，和父母互動時，可以說他的孩子不乖，但絕不能說孩子不聰明，當老師想要跟父母討論孩子不當行為時，一定要先說「他其實很聰明」，談話才能順利進行。

那麼，怎樣才叫做聰明，孩子如何才會聰明呢？

在心理學上，「智力」的定義其實一直在演變，從普通能力到多重能力到特殊心智表現。但大致而言，研究者都同意，每個孩子內在都存有心智的模式，為了處理環境的刺激和事件的挑戰，不斷調整和重組。智力不只有內涵還有運作，所以一個孩子會背一堆經書並不表示他就很聰明，更重要的是他在面對新奇的問題時，可以快速有效的解決問題，並以合乎當時的時勢或情境的方式表現出來。

雖然現在很多人主張說ＥＱ比ＩＱ更重要，但這只是想促使人們重視情緒能力罷了。事實上，智力是一個人身體健康、學業成就、職業及社經地位與心理適應的良好預測指標，值得我們好好了解與重視。

目前最受重視的智力理論首推史坦伯格（Robert Sternberg）的「智力三元論」了，他認為智力有三個主要成分，第一個是分析智力，指的是處理訊息的能力，包括策略運用、自我監控和調節等能力，這個成分就是平常智力測驗常測的運思能力，與學業技能格外有關；第二個是創造智力，指面對一個沒解過的問題時，能夠在腦中快速運思、有效找解的能力；第三個是實用智力，指的是對情境和時勢的了悟，這個成分比較像我們俗稱的「智慧」，以通達人情世故、合適又實用的方式把解決問題的方式展現出來。

了解了智力的三個主要成分，爸爸媽媽大概就可以了解，智力雖然有遺傳的先天影響，但在相當的程度上，智力其實是可以經過教導而增進的。如果希望孩子有高的智力，首先需要的是大量背景知識的支撐，所以多閱讀、多學習是有用的；其次，要讓孩子充分練習以達成自動化，因為練習不只造就精熟，還會造就思考品質的改變；此外，學習時不只要了解內容也學習思考的策略，對策略的察覺和使用帶來更有效的問題解決，而鼓勵創意的問題解決也有助智能的發展；最後，要提供孩子更多在實際生活中解決真實問題的機會，對情境的洞察需要經驗和練習，能夠把問題以實用、能達成目標並符合社會情境期待的方式解決，才是真正的聰明！

另外，心理學家加德納（Howard Gardner）提出了在教育界引發很多迴響的「多元智能理論」。他根據大腦研究，主張人類至少有九種主要智能，除了過去智力測驗常測量的邏輯數學和語文以外，還包括空間、音樂、肢體運動、人際、內省、博物以及靈性智能。

多元智能理論對父母最大的提醒是，不要只注意孩子在學業或紙筆考試上的表現，要多觀察孩子在數理及語言以外的智能形式，並盡可能給予發展的機會。在現在的社會中，會考試不表示人生就一定成功，反而是可以發揮自己獨特天賦的孩子才更能發光發熱。如果爸爸媽媽願意好好思考「莫札特是不是一定要會算數學」的問題，那麼，具備不同智能的孩子將有更好的發展空間，更能依照自己的天賦才能去開展人生！

孩子是否有注意力的問題？

我經常接到演講的邀約，要求我講「如何打造孩子的專注力」，在親職演講的場合，更是遇到很多父母跟我描述他們的孩子如何不專心或動來動去，然後憂心忡忡問我，孩子會不會變成過動兒？

首先，爸爸媽媽要仔細想一想，孩子「不專注」的情況是什麼？先試著把孩子的狀況記錄下來。是無法持續做完一件事，不斷分心？一直動來動去坐不定？還是恍恍惚惚，別人說話都好像沒在聽，一副作白日夢的樣子？如果是學校老師投訴孩子不專心，則去請教老師，孩子在什麼情況下不專心？通常是做什麼事或上什麼課的時候？不專心的情形持續多久？狀況如何？把這些訊息記錄下來後，爸爸媽媽先整理一下所得的訊息，可以對孩子的「症狀」先有一些了解。然後分辨一下，孩子不專心可能的原因是什麼。

現在的孩子真的有那麼不專心嗎？還是，其實只是父母對孩子發展認識不足或環境不當所致。為了澄清父母的疑慮，我們好好來分辨一下注意力不足到底是怎麼回事。

一般而言，孩子不專心可能的原因有以下幾種情況：

1. 成人過度期待：其實每個人都多多少少會有不專心的情形，大人也會有不專注的情形出現。年幼的孩子原本注意力就較短暫，通常隨著孩子年紀漸長，額葉發育較成熟一些，專注力會逐步提升。以大班的孩子而言，如果他能夠在課堂上持續專注超過二十分鐘，爸媽就不必太擔心。

2. 學習內容不適合孩子：幼兒上課不專心，可能的原因是課程內容對他太無聊或與他無關，引不起孩子的興趣，例如不斷讓孩子抄寫注音、學一些對他沒有任何實質意義的數學或背美語單字。尤其是孩子很聰明時，這種因為課程太沒有挑戰性而造成的不專注就會更明顯。如果有這種情形，改送孩子到提供豐富探索課程的幼兒園，通常情況就會大幅改善。

3. 睡眠、營養和運動：孩子不專心的另一個可能原因是生活照顧不當，請爸媽留意：孩子是否有足夠的睡眠？睡眠不足不只會造成不專心，還會影響發育；其次，孩子早上是否吃了足量及營養均衡的早餐？食物的量和品質會影響孩子的腦袋是否有足夠的能量來運作；另外，也要注意孩子每天活動量是否足夠？足量的運動幫助腦部荷爾蒙的分泌，有助孩子專注力的提升。

4. 3C產品的危害：愈來愈多研究發現，嬰幼兒時期長時間看電視或玩3C產品是孩子日後被診斷為「注意力缺陷及過動症」的有效預測因子，由於視覺和聽覺是人類的強勢感官，3C產品在視覺和聽覺上的吸引力讓幼兒被動而無法自拔的一直看下去，這使得幼兒「主動專注」的能力無法好好發展，影響日後學習甚鉅。所以，爸媽千萬不要用電視或手機來打發孩子。

注意力檢視量表

視覺區辨問題：	
寫字經常上下、左右顛倒。	□是 □否
朗讀文字和數字的速度相當緩慢。	□是 □否
經常會抄錯相似字或數學符號，如大、太；l、1；+、-。	□是 □否
視覺前景背景問題：	
閱讀字數較多的書籍或文章方面有困難，甚至不喜歡。	□是 □否
無法迅速在錯亂的桌面或房間找出指定的物品。	□是 □否
前景與背景顏色相近時（如綠色黑板上的綠色字），搜尋效率相對較低。	□是 □否
視覺記憶問題：	
收拾玩具或日常用品經常會放錯地方或沒有固定的收藏位置。	□是 □否
經常認不得曾經看過的人、事、物，如看過數次的國字依然不記得。	□是 □否
抄寫黑板上的文字時，看一個字寫一個字，導致抄寫速度緩慢。	□是 □否
視覺搜尋問題：	
看書、抄寫經常跳行或跳格。	□是 □否
無法迅速自文章中圈出指定的語詞。	□是 □否
以上每答一個「是」即得1分，得6分以上即可能有注意力缺失的問題，可尋求相關專業人員協助。	

一般而言，大多數的孩子都是正常的，只是因為上述原因造成「假性過動或假性不專心」，只要排除不當的狀況，孩子就會恢復正常了。

如果上述原因都排除了，孩子不專注的情況依舊，這時父母就要認真考慮，可能有生理上的因素。可以利用注意力檢視量表檢測一下孩子的狀況。

首先，「注意力檢視量表」可以初步了解孩子是不是有知覺上的缺損。如果孩子有這些狀況，要帶去給醫生檢查，看能不能透過復健改善，可以做的部分要積極治療；因為有這些知覺的缺陷的孩子是學習障礙的高風險群，如果是不能透過治療或復健改善的部分，就要及早學習輔助策略，以減低學習失利的挫折。

另外的可能性則是一般人常說的「過動症」。過動症是有生理因素的，爸爸媽媽要先了解，孩子並不會因為不專心而「變成」過動兒，實際的情況是，患有過動症的孩子因為有額葉發育、腦部荷爾蒙分泌或傳導的問題，才導致在行為上有不專注和過動的情形出現。由於過動症經常被過度診斷，所以除非孩子不專心的情形很明顯的異於同齡的孩子，而且在不同的場合都出現，並持續一段時間，否則爸媽不必太過擔心。若真的符合這種現象，則請爸媽帶孩子去兒童心智科做進一步的診斷，並配合醫師的診療進行藥物的介入或相關復健課程。

最後要提醒爸媽的是，留意孩子因為不專心所帶來的其他影響。

如果孩子不專心情形已有一段時間，則他在學校或家庭可能已經受到不少的責難甚至處罰，許多孩子因此產生負面的自我概念，甚至開始排拒學習或產生問題行為。如果孩子已經有這樣的情形出現，父母和老師接下來要做的是把焦點從孩子不專心的行為上移開，開始去注意孩子好的、專注的行為，幫助這樣的孩子最重要的原則是「用好的行為取代不好的行為」，改變他的環境，讓不專注的機會降低，當他有好的行為出現，立刻給予讚美與增強，如此讓孩子有機會從傷害和挫折中重整，重新建立新的行為模式。

注意力缺陷及過動症之診斷準則

• 不專心

1. 粗心、易忽略細節
2. 活動時注意力難以持續
3. 跟他說話時，他常一副不專心聽的樣子
4. 無法遵循他人的指示完成事情
5. 組織力差
6. 逃避、不喜歡、抗拒需要持續用腦的工作
7. 常丟東西
8. 易因外界無關的刺激而分心
9. 常忘記例行的活動

• 過動

1. 常手忙腳亂而扭動不安
2. 無法靜坐
3. 不分場合，過度的跑或爬
4. 很難安靜的玩
5. 總是動個不停
6. 經常話太多

• 衝動

1. 常在問題未說完時即搶答
2. 輪流時難以等待
3. 常干擾或冒犯他人

★孩童須於7歲前就出現，持續至少6個月，且在2種以上的不同場合（如學校、家庭）皆有類似的行為出現，才視為符合。

CHAPTER 3

孩子認知、語言、以及未來的學習和學業成就都影響很大，有父母好的帶領和陪伴是孩子閱讀能力養成的重要因素，爸爸媽媽一定要好好加把勁（讓孩子好好閱讀，別被3C打敗就靠您了）！

打底
學習力

前一章談如何建構一顆好用的大腦，接下來我們就要來談談，那要在孩子的大腦裡裝些什麼呢？

為了讓孩子有好的發展，在這一章我會從孩子的「語言發展」談起，先說明在孩子口語發展初期要留意的事，並談一下嬰幼兒手語的好處，先把孩子的溝通意圖建立起來再說。接著，我要談「創造力」，這是對年幼的孩子來說格外重要的能力，父母要把握孩子對環境好奇、也還不太懂得在意別人比較眼光的童年時期，好好把孩子的創造力保留並發展起來！然後呢，我們就要進行閱讀能力的啟蒙和培養，閱讀能力的建立對

「臭奶呆」何時該就醫？

你是否曾仔細聆聽你家孩子說話？你的孩子說話發音是否清晰正確？使用語彙的豐富性如何？句法正確嗎？還有，孩子能不能依場合和對象的不同，合宜得體的說話？

語言能力的好壞，對發展中的孩子來說太重要了！一個語言能力好的孩子，因為有較好的理解和表達能力，所以學習的能力和人際關係也都會比較好；若語言能力不好，孩子可能因為理解不足或無法充分表達自己的意思，甚至被誤認為「沒禮貌」，造成學習困難或溝通受挫，因而衍生出很多智力、情緒或社會互動的問題。

四要素，判斷孩子語言能力

那麼，要怎麼知道自己的孩子語言能力好不好呢？我們依語言的四個重要元素「語音、語意、語法、語用」來說明：

首先，在「語音」方面，一、二歲剛開始學說話的孩子，可能會有咬字含混的娃娃音現象，台語叫做「臭奶呆」，這種狀況通常會隨著年齡增長而改善。一般而言，到了三歲半到四歲間，在正常語言環境下長大的孩子，應該就可以清楚的說出咬字正確的話語。如果到了四歲，孩子還是用含混的娃娃音說話，父母千萬不要覺得這樣很可愛，反而應該留意孩子是不是有聽力或構音器官的問題，及早就醫檢查。

其次是「語意」，通常我們會用語彙量的多寡，來做為簡單的衡量指標。有些孩子話說得很多，但是仔細聽他語彙的變換性不高，例如，同樣是正面的情緒，有的孩子可以說得很豐富，使用高興、開心、得意、興奮等不同語彙來表達，有的孩子就只會一路「開心」用到底。語彙能力跟孩子平常接觸到的口語輸入品質有絕對關係，所以言談豐富的父母和大量的親子共讀對孩子最有幫助。

在「語法」方面，小小孩一開始會用電報式語言，例如要媽媽幫他拿奶瓶，一歲半左右的孩子可能只會說「媽媽……ㄋㄟㄋㄟ」；到了兩歲或兩歲半左右，孩子就進入「文法期」，開始嘗試各種語句的組合方法，這時會出現一些倒裝句；通常到了三至四歲間，孩子的語法錯誤就會變得很少。如果孩子到了四歲還在使用電報式語言或出現很多倒裝句，就要特別留意孩子是不是有語言遲緩的現象。爸媽可先打電話到鄰近醫院詢問，確認該院復健科有做兒童的復健服務，再帶孩子就診，進行語言障礙的評估與治療。

最後，是最容易被忽略的「語用」。語用是指孩子能依說話的對象和場合，採取不同的說話策略。例如同樣要別人幫忙，如果是要請老師幫忙，孩子可能跟老師說的方式是「老師，請你幫我拿餅乾」，會留意到禮貌；但如果是要叫自己的弟弟幫忙，他的說法可能是「拿桌上的餅乾給我，快點」，不把重點放在禮貌上，卻有較清楚的指示。語用不成熟的孩子，很容易被認為「沒禮貌」或「白目」，試想上面的例子，如果一個孩子請老師幫忙時，用了對弟弟說話的語氣，會產生多糟的後果！

寶貝聽不懂話中話，爸媽先別氣

語用的另外一個層面是，聽懂話語的「真正意思」。我們平常說話會有表面的話語和真正的意思，例如，當我們生氣的跟玩具丟一地的孩子說「好！很好！你繼續玩沒關係」，通常孩子就知道該收拾玩具了；或是放學時我們問孩子「跟老師說再見了沒」，孩子也會知道這不是一個問句，而轉頭跟老師揮手說再見。但語用異常的孩子很可能在聽到媽媽說「繼續玩沒關係」時繼續玩，然後被處罰時仍不明白為什麼自己聽媽媽的話，媽媽卻要這麼生氣；或是在媽媽問「跟老師說再見了沒」時回答「還沒」。

語用不成熟的孩子，在人際中很容易嚴重受挫、人緣很差，尤其是有些亞斯伯格症的孩子，就有很明顯的語用障礙。所以如果父母發現自己的孩子常有「白目」的情況，可以試著先就當時的情境跟孩子說明及討論，如果情況還是沒有改善，最好就診檢查，不要一味說教，因為孩子有可能需要的是治療而不是處罰。

語言能力關乎孩子智力、學習和人際關係，父母平常要多留意孩子聽別人說話時的理解程度和說話時的表達內涵，除了提供豐富的語言環境外，也要留意上述重要的語言發展警訊，才能幫助孩子正常發展。

前口語期，讓嬰兒手語來幫你

當寶寶八個月到一歲多還不太會講話的這段時間，寶寶其實已經可以聽懂不少父母的話，也有強烈的溝通意圖。但這時的嬰兒還沒辦法用口語順利表達，因此在溝通上處於弱勢，導致父母會覺得孩子好像稍不如意就會哭或發脾氣。

其實，在這段時間，父母可以教寶寶一些「嬰兒手語」來進行溝通，例如，「要」就點點頭、「不要」就搖搖頭、「抱抱」就張開雙手……手勢可以自創，但要留意是孩子容易做的動作，而且要固定不要改來改去。有心的爸媽則不妨好好的學一些嬰兒手語，邊用口語說話邊加上手勢，讓孩子仿做，當孩子可以用手勢表達意思時，就要立刻回應。

爸爸媽媽可能會懷疑，嬰兒又沒有聽障，學手語會不會阻礙了口語的發展。根據美國國家衛生院的研究，嬰兒手語可以有效提升孩子的智商，更可以提早口語的出現和發展；一些新的研究報告更顯示，嬰兒在使用手語時腦部的活動區塊並不如原本以為的，只在身體動作的區塊，反而在語言區有明顯的活動，證實了手語真的是一種語言，而不只動作而已；手語是視覺的語言、口語是聽覺的語言，手語和口語的同時使用可以說是絕佳的「雙語學習」，對孩子的發展很有助益，更重要的是，有了手語的嬰兒，可以減少因為無法跟成人溝通所造成的挫折感，有助減少嬰幼兒情緒性的哭鬧，可以讓親子互動更愉快。

研究發現，有了手語可以表達的嬰兒會士氣大振，努力跟大人溝通，結果嬰兒不僅減少哭鬧，語言和智力也會大幅增長。

如果爸爸媽媽想教寶寶手語，大約八個月左右就可以開始了，一、二個月之後就會看到孩子開始用，如果大約一歲左右開始學，則會更快看到效果。

因為只是要幫助寶寶度過前語言的尷尬時間，所以嬰兒手語「夠用」就好，不用每件事每個東西都要用手語表示，所以爸爸媽媽只要選一些常用的項目用手語表達就可以了。打手語的時候記得要做動作也要一邊說出來，留意寶寶的目光是不是跟上了，一開始可能會覺得

用手語跟寶寶互動時，
要留意以下幾件事哦！

1. 要配合口語和臉部表情一起做。

2. 捕捉到寶寶的目光時才做。

3. 在自然的生活情境中找機會運用，例如吃東西、共讀或遊戲時。

4. 善用重複和提問的時機，多做幾次讓孩子熟悉。

5. 不要過度請孩子打手語或在親友面前表演。

孩子根本沒反應，就像學語言會有一段「沉默期」，學手語也會需要一段輸入期，但只要不灰心多試幾次，孩子時候到了就會給父母驚喜。如果遇到不會打的手勢，可以自創，或是上「台灣手語線上辭典」去查，要什麼有什麼，非常方便。

附帶一提，我的嬰兒手語是跟「台灣嬰幼兒手語教育協會」的鄭照斌老師學的，他是聽障奧運的翻譯員，很厲害很會教。如果孩子有聽障的問題或爸爸媽媽有特別的需要，可以聯絡台灣嬰幼兒手語教育協會，他們人都很好，應該都很樂意協助。

創造力，從天馬行空的想像開始

父母都希望從小為孩子的學習力打好底子。我們觀察孩子上國小後，一個班級的學業表現，常會看到有一〇%的領先群，他們無論如何就是考很好；有一〇%是落後群，不管怎麼努力就是學不會；而八〇%的孩子介於中間，這群孩子十分努力，表現高高低低，但總有個難以突破的障礙點。這「難以突破的障礙點」往往來自「基礎實力」的差異，而非「學科能力」的差異。

基礎實力是什麼？包括觀察力、創造力、想像力、理解力、感受力、表達力、統整力、美感等，孩子先要有基礎的能力跟素質，才能慢慢學習學科能力。但現在許多家長希望孩子贏在起跑點，幼兒園就送注音正音班，國小低年級就補作文、數學，這些都是表層的學科能力訓練，忽視了基礎實力。

孩子在中、低年級時因為知識分量少，憑著記憶、練習就可以考得好；但到了中、高年級、國中，知識變難、範圍變大，必須從中思考、抽取原則、了解概念才能考好，這時就取決於基礎實力高低了。

但基礎實力都是抽象的能力，並不好教。比如大家都知道創造力很重要，也意識到培養幼兒創造力的重要，然而創造力很難「硬教」教到會，因為創造牽涉到很多複雜的向度，包括：獨特性、變通性、精進性、流暢性。舉例來說，看到一個杯子，問小朋友：「這個紙杯可以拿來做什麼？」一般小孩都會回答裝水，再繼續問：「還可以做什麼呢？」有小朋友會回答裝汽水、裝果汁、裝牛奶……各式各樣的飲料，這表示他在創造的「流暢度」非常好。

也有一些孩子的答案，會跳脫飲料的範疇，他會說這個杯子不只可以拿來裝水，也可以拿來當筆筒、當帽子，還可以剪一剪來做勞作、做風車……。

前者是在「相同向度」不斷產出答案的孩子，後者是在「不同向度」產生很多不同答案的孩子，後者就是創造力的另一個向度——變通性；還有一種孩子，相同向度的答案不多，也沒有產出很多不同向度的答案，但是呢，他講出來的答案，是一百個小孩中不會有人說出的答案，這種孩子就具有創造力中的「獨特性」。

創造力其實並非與生俱來，在日常生活中，如果父母可以給孩子更多好的引導、觀察、發現、發想，孩子的創造力還是可以被提升的。例如透過共讀繪本，就是啟發學前幼兒創造力的一個好方法。

目前市面上有許多繪本，對孩子的創造力非常有幫助，比如日本知名繪本作家岩村和朗的作品《丹丹的帽子》，故事主角丹丹戴了一頂帽子，對一般小孩來說，帽子就是帽子，但是對丹丹來說，這頂帽子不只是帽子，它是一頂會讓人非常開心的帽子，因為他的帽子可以拿來變把戲，可以拿來當輪子滾來滾去，可以拿來當飛盤射，在整個過程中，這頂帽子做了很多變化，所以孩子在閱讀的過程中會覺得非常驚奇、非常有趣，他會發現：「喔！原來帽子可以做這麼多的事情！」

另外有一本《不是箱子》，故事裡有一隻小兔子，他坐在一個紙箱裡，有人問：「你為什麼要坐在箱子裡？」他說：「這不是箱子（這是我的車子）。」小兔子站在紙箱上，有人問：「你站在那個箱子上做什麼？」他說：「這不是箱子（這是一座兔子峰）。」隨著故事推移，小兔子不斷發想箱子用途。透過經常閱讀這些繪本，爸爸媽媽會發現，家裡任何平凡無奇的東西，孩子都可以有很多想像、想出好多好多的用法，而這正是創造力最好的培養。

現在的小孩因為生活富裕，家中玩具很多，但多數玩具既昂貴，功能又固定，孩子習慣玩功能固定的玩具之後，他會沒有辦法在日常生活中變出無窮的樂趣，逐漸喪失「玩」的能力。慢慢的，多數孩子每天跟家長抱怨「他好無聊」，玩這個也無聊，玩那個也無聊，什麼都覺得不好玩，最後只能靠3C產品過活，沒有電動、沒有網路就活不下去，得倚賴強烈的視覺聲光刺激來尋求快感。

在日常生活中，鼓勵孩子變出很多樂趣、很多想法，便是在培養孩子的創造力；而繪本原本就是童書作家創造力的多樣展現，而透過閱讀這些充滿想像元素的文字、圖像和故事，除了享受親子時光之外，也能讓每個孩子激發出更多不同的想法，領悟平凡事物蘊含的無限可能。父母還可以鼓勵孩子把領略到的創意落實在生活中，動手實作試驗看看，如此將更有助孩子完成從發想、到創作、甚至到解決問題的過程，這會是培養創造力的最好方法。

父母是寶寶的閱讀教練

閱讀能力是一切學習的基礎，關乎孩子的心智啟發與終身學習的能力。教育是國家基礎建設，世界各國莫不以提升孩子閱讀能力為教育最重要的目標之一。不管是對孩子本身的學習或是對國家的發展，閱讀能力的培養都是刻不容緩的大事。

我們都很希望孩子能經由閱讀接觸到很多知識，發展想像和創造力，並可以透過閱讀發展出對世界更寬闊的理解。但事實上，閱讀並不是一件「自然而然」就可以學會的事，更不是隨著年齡增長或只要有上學，就理所當然發展出來的能力。閱讀涉及非常多的能力與技巧，需要長期的努力學習才能達到精熟的境界。如果未經適當的學習，有的人可以終身是文盲，有的人雖然具備基本的識字能力，但常有看沒有懂，無法達到真正的閱讀理解。

一般來說，孩子的閱讀可以分成兩個階段：第一個階段是「學習如何閱讀」，第二個階段才是「透過閱讀來學習」。也就是說，要達到「閱讀是通往世界的道路」這樣的口號與理想之前，孩子必須先學會基本的閱讀技巧。

通常，我們會把三歲視為幼兒閱讀的重要啟蒙時期，而把三至八歲視為奠定自主閱讀能力的關鍵期。合理的期待是，經過長達八年左右適當的陪伴和教導，孩子到了小學三年級這個閱讀能力的關鍵分野年齡時，要能達成具備文字識讀、閱讀理解和有良好的閱讀動機等三大目標；到了三年級以後，我們則期待孩子能在大量閱讀中，累積更多的背景知識並發展出有效的閱讀策略，以逐步達成精熟的閱讀以及深層的閱讀理解。

幼兒需培養的三個閱讀能力

在零到六歲幼兒閱讀發展的過程中，需要培養的關鍵能力主要有三個部分：第一是書本概念和文字概念的啟蒙，這包括了解書本是什麼、文字的方向、結構和部件等。第二是口語的引導，包括透過適當的技巧幫助幼兒理解故事內容，以及培養幼兒的敘說能力。第三則是閱讀動機和興趣的培養，選擇適當的讀本以建立幼兒對閱讀的興趣。父母與孩子共讀時可以把握這些要點，就能為孩子的閱讀發展奠定良好的基礎。

當孩子還是小寶寶時，父母就可以開始和寶寶進行親子共讀了，這是非常重要的閱讀啟蒙。目前世界上許多國家都很努力在推行「閱讀起步走」（Bookstart）的活動。這個活動從英國開始，逐步推行到全世界，目前台北市和台中市也都在進行。這個活動的概念是透過贈送寶寶書給父母，讓父母為嬰兒閱讀。追蹤研究發現，嬰兒時期就有共讀經驗的寶寶會較早發展出書本和文字概念，也有較強的閱讀動機，甚至親子關係也比較好。

這樣選書，他很難不愛

除了留意閱讀時口語輸入的品質與引導孩子注意文字以外，閱讀要能成為孩子生活的一部分，動機和樂趣仍是主要的關鍵。當孩子還是小寶寶時，翻翻書、摸摸書或洗澡遊戲書是很好的選擇；當孩子稍大，貼近孩子生活經驗的命名書和簡單的生活小故事最能引發孩子的興趣；等到孩子更能投入書本的世界，就可以讀各種有趣的繪本故事。剛開始，孩子可以先看圖讓父母說故事，再慢慢練習自己看字讀故事。

值得留意的是，並不是所有的繪本都適合孩子閱讀，繪本只是文學呈現中圖文並陳的一個特定文類。目前很多書店把所有的繪本都放在一區，並命名為「兒童文學區」，其實是不恰當的做法。很多放在兒童文學區的繪本一點都不「兒童」，父母最好留意一下內容並讓孩子試讀看看，孩子讀了之後能會意、喜歡且引發共鳴的繪本，才是好的童書。若爸媽不知如何選擇繪本，台灣閱讀協會發行的《童書久久》選書系列，是很好的入門參考。

幼兒時期的閱讀經驗對往後的閱讀能力影響深遠，希望本文能給爸爸媽媽實用的參考，讓閱讀成為父母給孩子最好的資產，也成為親子間最美好的回憶！

跟著閱讀發展三階段，用對共讀方法

要培養孩子閱讀的能力，就要讓親子共讀成為孩子生活的一部分。我常常去做親子閱讀的演講，看到許多家長陪著小孩從小共讀繪本，深深體會到他們對孩子的用心，但也發現家長在親子共讀的操作上，其實有些「錯誤」現象，使得孩子經過多年共讀，仍只能習得有限的閱讀能力，相當可惜。常見的誤區是：第一，爸媽把自己當成共讀的主角，唱作俱佳，但孩子只當聽眾，表達機會少；第二，沒有配合孩子的閱讀發展改變共讀方法。

零到六歲幼兒的閱讀發展，大概會經歷三個階段：「看圖未形成故事」、「看圖並形成故事」、「留意文字」。在這些過程，家長要先釐清一個觀念：共讀不只是講故事給孩子聽，而是要和孩子做口語的討論和互動，最終目的應該是培養孩子獨立閱讀的能力。以下我們就來看看在不同階段，父母該如何和孩子進行共讀。

階段一：看圖未形成故事

共讀重點：指物命名、加上形容、口語延展

在孩子閱讀的早期，父母常會發現他都在看圖，覺得孩子不專心聽故事。但其實孩子並非不專心，他是在看有趣的畫面，觀察跟故事軸線不太相關的細節，這時父母應該做的，是好好觀察孩子在留意什麼事物，因為這反映了他目前的興趣與需求。接下來引導孩子做三件事：指物命名、加上形容、口語延展。

比如繪本上有一隻狗，我們可以指著圖問：「這是什麼？」孩子答出「狗」後，問他：「狗會怎麼樣？」孩子可能會說：「狗汪汪。」接下來引導他加上形容：「一隻小小的狗」、「白色的狗」、「胖胖的狗」。所以在閱讀發展的第一階段，從指物命名，加上形容，最後變成：「有一隻小小的、白色的、胖嘟嘟的狗狗，好可愛喔，而且牠還會汪汪汪汪叫。」語彙愈改愈豐富，形容愈來愈多，句子愈來愈長，就在幫助孩子建立「敘事」的能力。

一本繪本通常售價兩、三百元，想要物超所值、物盡其用，取決於怎麼陪孩子閱讀。很多父母一拿到書，唸完書名就直接講故事，但其實光封面就可以做很多事。以《好餓的毛毛蟲》為例，父母先帶著孩子觀察封面，問孩子：「這是什麼？」說出「毛毛蟲」後，接下來再問：「這是隻什麼樣的毛毛蟲呢？」孩子回答：「一隻很大的毛毛蟲。」這樣還不夠，你可以不斷問：「還有呢？」「還看到什麼嗎？」孩子提出很多觀察後，先稱讚他，接下來父母把他講到的點串成完整的句子：「你剛剛說，你看到了一隻好大的毛毛蟲，這隻毛毛蟲有綠色的身體、紅色的臉，牠有綠色的眼睛，眼睛外面有一個黃色的眶，牠還有兩個紫色的觸角喔，而且牠有六隻腳耶，真是一隻很特別的毛毛蟲！」封面講完才進入內頁故事。從小經過這樣訓練的孩子，將來會考作文可能有六級分的實力，而看到畫面只能說出「毛毛蟲」、「狗」、「貓」的孩子，作文可能只有一級分。

此外，父母要不斷改變說故事的方式。比如第一天，因為孩子對故事不熟悉，所以由父母從頭講到尾；第二天，因為孩子已經知道故事的大概，可以用邊問邊講的方式，請孩子補充內容；隨著同一本繪本重複讀，孩子對故事愈改愈熟悉，逐步放手讓孩子多講，到最後父母只要負責講連接詞就好：「然後呢？」「真的啊！」讓小孩變成說故事的主角。他的觀察能力、描述能力、串成完整語句的能力，就在當中培養了起來。

階段二：看圖並形成故事

共讀重點：提升口語討論的層次

到了第二階段，孩子開始會去看與故事軸線有關的畫面、看主角在做什麼，表示他已經能夠留意故事了。這個階段除了延續上個階段重點，不斷延展豐富孩子的敘事能力，讓他能很流利的講故事外，另一個重點是跟孩子進行閱讀討論。

因為閱讀不只是語言能力的擴展，還包括理解、邏輯、因果的學習。這個階段，爸爸媽媽在共讀時可以帶孩子做三件事：確認理解、預測和回想、延伸討論。

首先是確認理解。孩子的認知層次有時和大人不太一樣，你以為他了解你講的，他卻可能完全解讀成另外一回事，所以你要確認孩子知道故事在講什麼，如果他提出問題，先幫助他了解。

確認孩子懂了故事後，接下來可以在進入下一頁前，請孩子先做預測：「你覺得他會發生什麼事呢？」「為什麼你覺得他會這樣？」預測在閱讀教學裡是一個非常重要的策略，因為預測並非亂猜，而是要根據之前閱讀的線索，以及過去的閱讀經驗，揣測故事接下來合理的發展，是個必須統整訊息，然後做出推論的歷程。

而當你講完故事，可以請孩子進行回想，問孩子還記不記得這個故事在講什麼。孩子剛開始回想時，經常會一下講這，一下講那；而且他說出來的點可能會讓你非常驚訝他怎麼會注意到這個。不論如何，當他回想時，因為必須從頭去想自己聽到了什麼、留意到什麼，這些回饋不只對孩子的能力很有幫助，也提供了父母非常重要的訊息，了解孩子到底讀懂了什麼。

最後，可以和孩子做延伸討論，問孩子對這個故事的想法及感受，這個過程能幫助他評價及理解這本書；或者問孩子喜不喜歡這個結局，不喜歡的話希望怎麼樣。另外也可以把討論連結到孩子的生活經驗：「你看他發生這個事，上次你也曾經做這個事。」但不要變成藉機教訓孩子：「你看他這樣，所以你也要這樣。」一旦變成這樣的連結，說故事對孩子來說就變成一種懲罰或檢討了。

也要提醒爸爸媽媽，雖然我們都希望把閱讀的效果放大，但千萬不要把它當成教學，或每次共讀後問很多問題，孩子其實會厭煩。請記得共讀時的愉快和彈性，才是最重要的。

階段三：留意文字

共讀重點：逐字指讀、察覺文字部件

第三階段是最容易被忽略的階段。當孩子共讀繪本到一個成熟度後，他會發現，自己看的是圖，但父母是在唸字；而當你唸故事時聽到孩子跟你說「你不要亂講」時，就要意識到，孩子正在表達他對文字的理解，因為他發現父母如果是根據文字唸，應該每次唸的結果會一樣！這時父母不能再停留在講故事的互動而已，而要在閱讀時開始引導孩子去留意文字，發展獨立閱讀的能力。

引導孩子看文字的方法很簡單但非常重要：「逐字指讀」。拿一本孩子已經很熟悉故事的繪本，用手指一個字一個字指著唸，比如：「貝、蒂、好、想、好、想、吃、香、蕉。」當父母開始指著字讀，孩子立刻會體會到中國文字一字一音的對應關係，幾次指讀下來，父母會驚訝的發現，不用特別教，孩子自然就開始會認字了。走在街上看到招牌，他可能就會告訴你這個字是「好」、那個字是「吃」。

等孩子有一點識字量後，進一步帶孩子察覺文字部件。中國文字的結構很像拼積木，有的左右組，有的上下組；此外，中文字將近九〇％是形聲字，一個字只要看部首，大概知道是什麼東西，再看偏旁就大概知道怎麼唸。例如孩子知道「青」這個部件，當他看到「清」，因為有「水」部，他會知道可能跟水有關，看到「蜻」，因為有「虫」部，就知道可能是某一種蟲；而讀音則都唸「青」，也幾乎都會對。

透過認識部件，讓孩子自己去拼字，就能在短時間內學會很多字。原則上孩子只要跨過一千五百字的識字門檻，日常閱讀的覆蓋率就有九成以上了，而這一千五百字大約是三百個左右的部件組成的。如果能從孩子中大班時開始引導認識部件，到了小一，他就能累積大量的識字量，朝獨立閱讀邁進。

幼兒需要讀經嗎？

兒子小時候，有一天回來跟我說：「媽媽，古代的動物好奇怪！」我問為何，他說：「古代的動物都不會叫，羊也不叫，狗也不叫！好奇怪哦！」我一開始還摸不著頭腦，一問之下，才知道原來是「『養』（羊）不教，父之過，『苟』（狗）不教，性乃遷」！

原來孩子的老師去上了讀經教育的課，回來之後大力推讀經，要求孩子天天讀《三字經》、《弟子規》，孩子不懂意思又要硬讀，才有這種狀況。說來有些好笑，但對孩子來說，在不懂意義情況下讀經，只是反覆唸誦無意義的音節，天天要讀，讀完還要背，未免荒唐。去跟老師溝通，老師卻認為她這是在教孩子品德，用的是中國數千年的智慧經典……而且，現在不懂沒關係，只要背起來，將來自然就懂了……

聽到「現在不懂沒關係，只要背起來，將來自然就懂了」這種言論從一位受過完整教育的老師口中說出來，不禁當場傻眼。當時很想反問，如果孩子只需背誦，不需理解，那全世界的老師都可以退休了，只要放錄音帶讓孩子跟著唸就好了，而且既然有「將來自然就懂了」這種神奇的好康，那麼我們根本不要考慮給孩子學習的知識是否配合他年齡或理解能力，最好從幼兒期起，拚命讓他「背」知識，不用教、不用理解、不用懂，各種偉大艱深的知識都趁早讓他背起來，背愈多愈好，反正將來就懂了……

但老師振振有辭說了很多很多，我就不再說話了，因為完全沒有討論的空間，而且這事還有個「品德」的大帽子扣在上面，不容挑戰與侵犯。只好回家把兒子發生的「古代的動物很奇怪」的事當成笑話，說來自娛娛人。後記是，等到孩子一年後換了老師，在很短的時間內，所有背的東西，全都忘光了！

事隔幾年，我在大學教兒童發展與教育相關的科目，接觸到許多幼兒園。沒想到，讀經教育的勢力愈來愈大甚至向下延伸，有很多幼兒園開始讓幼兒背經書，理由一樣是背經典可以學品德。我實在太好奇了，問幼兒園的負責人，真的相信把書背起來就可以學品德嗎？孩子的品格是這樣教的哦？得到的答案是，就像讓幼兒學美語一樣，這是家長的要求，是流行趨勢，有教才有商機。

負責人分享說，很多家長堅持幼兒一定要學美語，理由是孩子未來的「國際化」很重要，跟他說孩子會講幾個英文單字，跟國際化一點扯不上邊，而且，年幼的孩子需要的是真實的生活，未來的國際化沒那麼急，但說再多其實一點用都沒有，幼兒園要生存，就一定得教美語；一樣的狀況，正如學美語就是國際化，現在的趨勢是，讀經就是教品德，如果讓幼兒背一些經書，家長就很開心，覺得我的孩子很棒，可以背出這麼多有學問的經典，又可以培養品德，既然家長期待，當然就要讓孩子多背一點。

大腦研究告訴我們，尋求意義是人的本能，因此，就我的看法，在腦袋裡塞入大量對當事人沒有意義的東西，是浪費孩子的時光，也剝奪了他學習其他東西的機會。但我上網查了讀經教育的資料後，發現勢力之大，支持者之多，完全讓我跌破眼鏡。我真的很驚訝，中國幾千年來無數士子搖頭晃腦背讀經書的教育方式又光榮復辟了嗎？那我們幾十年來在台灣教育上的努力，讓孩子學的知識更貼近生活的需要、讓學習的方式更活潑多元、更多心智涉入，讓孩子理解、探索、當學習的主角……這些努力都是在做什麼呢？品格教育要有充足的思辨、要同理涉入，要將心比心，這些研究上重要的發現，又要置於何地呢？

後來我實在太好奇了，就去幼兒園觀察，看看執行讀經教育的幼兒園和方案教學（如帶領孩子深入探索主題以及引導孩子討論）的幼兒園，孩子們在語言能力和人際問題解決能力上有什麼不同。初步看到的是，讀經的幼兒園孩子較早識字，行為上較順從有禮，遇到人際問題會依老師教的規矩而行；方案幼兒園的孩子口語溝通、表達、討論的能力較佳，遇到人際問題，不太採取禮貌的策略，而是試圖進行雙方的協商討論，共同找出解決之道，社會互動的層次較複雜。

這樣的比較可能有很多漏洞，但我的發現是，會去採用或支持讀經教育的老師，和支持開放探究教育的老師，本質和信念上就有很大的不同，因此反映出來的教學態度和教育方式差別就很大，前者強調背誦和規矩，後者重視啟發和引導。而很顯然的，我欣賞且支持後者。

寫這篇文章時，我有點擔心，把我觀察到的現象說出來，會不會得罪讀經教育的廣大支持者，但是，想到有很多年幼的孩子正在受影響，又覺得應該要表達一下意見。所以呢，以上純屬我個人的觀察和經歷，但如果可以的話，希望能和家長分享。

幼兒只是年幼，不是膚淺

日前和幾位多年不見的好友相聚，我們這些大人們聊天不到一會兒，孩子們就因為搶積木片而起了些爭執，一位朋友跟她四歲多的兒子說：「媽媽不是告訴過你要分享！這樣別人才會跟你分享！」另一位朋友則用力抓住她正在發怒的五歲兒子，告誡他：「不可以打人聽到沒有！再打人媽媽就要修理你了！」

紛爭處理過後，兩位好友發現我正盯著她們看，大笑起來，虧我說：「好啦，我們的兒童發展專家有何高見？」

教導，不求立即見效

倒不是什麼高見，我只是覺得，孩子只是年幼，不表示在教導上就可以輕忽帶過，只求解除當場的狀況，而不管這些立即見效的方法到底帶來什麼長期的影響。

我問第一位友人，跟孩子說要分享的理由是「別人才會跟你分享」，會不會把「利他」的教導變成了「利己」的教導？如果父母的說法是「你看！只有你有，他也很想玩，可是他都沒有。」讓孩子因為留意他人的需要而真心願意分享，同樣是說一句話，對孩子的影響是不是會很不同？

同樣的，我也跟第二位友人說，要孩子不要打人的方式是「再打人媽媽就打你」，這豈不是以暴制暴？若在孩子打人後帶著他去看那被打的孩子是如何疼痛哭泣，讓他知道他的動手造成了別人的痛苦，再問問他，下次想要積木，除了打人有沒有更好的辦法。如此孩子既有了罪疚感的體驗，也學著在面對衝突時練習去想解決事情的方法，這樣的教導對孩子來說是不是更有意義？

我的兩位朋友聽了覺得有些道理，但也承認因為孩子還小，覺得應該沒什麼要緊，管教孩子的時候常常是隨意教導了事。

我的感觸倒是頗深，我自己是學兒童發展的，知道生命頭幾年的教導和學習對孩子的影響有多大，認知、情緒、道德、人格的基本運作模式，就在這幾年成為大腦的基本建構，孩子之間的差異也就在這點點滴滴的教導中累積擴大。隨著年紀增長，每個孩子內在的心智品質愈發不同，有些思維細緻、良善真誠，有些粗糙魯莽、淺薄自戀，而這皆始於童年階段教導的細微差異。

教導，不與生活脫節

放眼現今的幼兒教育，不只是家長，甚至許多幼兒園，常把孩子當成幼稚淺薄的個體，讓孩子唱些叮叮咚咚的兒歌、做千篇一律的勞作、玩玩遊戲吃吃點心、記些不重要的知識、或做一些跟生活脫節的學習單，以為這就是幼兒該學、可學的內容。

事實上，幼兒階段有好多重要的事要學習。首先，孩子要學習基本的生活自理，一方面獲得能力感，一方面學習為自己的事情負責任，因此吃飯、穿衣、如廁等生活細節，都需要示範與反覆練習；其次，幼兒正是對周遭環境好奇、感官敏銳的時期，以孩子的生活經驗出發，對生活周遭人事物進行觀察和探究，並試著想辦法解決真實的問題，這樣的經驗才能啟發孩子的心智，並讓孩子感受到生活是有趣的、真實的、令人期待的；再者，孩子需要學習與人互動，如何與人合作、如何溝通與表達、面對衝突如何解決、自己的情緒如何調節，這些都是不容易的學習，需要父母、老師仔細說明當中的道理、給孩子方法，帶著孩子一遍又一遍的練習並體驗當中的細微感受；最後，孩子還要能體會大自然、藝術、音樂之美，讓孩子從小就有豐厚美好的心靈。而這一切，都需要真誠用心的大人，以尊重關懷的態度細心加以引導。

分享一個真實的例子。我到一所幼兒園輔導時，園裡的老師對甫推行的幼兒園新課綱多有抱怨。例如點名「美感」領域太過抽象，認為教孩子唱兒歌、做勞作容易，但要教出美感未免唱高調！我想到自己兒子曾有的經驗，因此，當天中午我讓孩子們睡午覺前把窗簾都拉上，放鬆平躺閉上眼睛，之後我播放了被譽為「天上來的聲音」的莫札特豎笛協奏曲，音樂在寂靜黑暗中流瀉而出，長長的一個樂章播到完畢，平日午睡前的躁動吵鬧都消失了，音樂聲落，安靜中一個孩子突然發出由衷的讚嘆：「哇！好好聽喔！」

誰說幼兒只能聽喧鬧花俏的兒歌，在那一刻，孩子真正體會到了音樂之美！

孩子只是年幼、並非淺薄，雖然心智品質的差異要好些年後才慢慢看得到，卻始於我們眼前對孩子的教導。在思考、情感、道德、人格和美感等不容易的方面，用心細膩才是上策。

比「變裝秀」更重要的事

隨著少子化和父母更重視幼兒教育，幼教市場競爭愈來愈激烈，但也出現很多亂象。許多標榜美語及才藝教學的幼兒園不僅學費高昂，家長要參觀還要預約排個大半年，細究其課程安排，卻發現根本就是不適合幼兒的分科教學。孩子一早來先上美語課，然後操作數學教具寫學習單，接著練習注音符號，下午則排滿各種音樂、美勞、體能等才藝課。滿滿的課表顯示孩子整天都在趕課，而課程既與孩子的生活無關，彼此之間也沒有關聯。

有家長可能會問，這樣不就表示課程很豐富嗎？什麼都學了，不就表示多元智能都在其內了嗎？不學這些，幼兒要學什麼？

內容取材要從生活出發

孩子上幼兒園的目的應該是學習群體生活，並在幼兒園的課程支持下，讓身體、認知、語言、社會、情緒等各方面得以充分發展。所以幼兒園提供的課程，應該從幼兒每天的實際生活出發，一方面幫助幼兒學習基本的生活自理能力，可以自己好好吃飯、穿衣、上廁所、有禮貌、可以與人合作等等；另一方面，更要提供有意義的學習機會，讓幼兒的發展潛能以及想像創造的能力得以發揮。

幼兒園的課程應該要和幼兒實際的生活切身有關，提供幫助幼兒認識自己、認識周遭環境、發展心智的學習活動。因此，對孩子來說，認識我的身體、訪問我的老師和朋友、探索校園裡的動植物、嘗試有趣的童玩等課程內容，就比萬聖節、注音符號、寫學習單來得有意義得多；能在生活中親身體驗、實際動手操作、思考討論的學習方式，就比坐著聽老師講或寫紙本有意義得多。

課程安排應統整不分科

孩子的生活世界是整體的，不是分科的，所以分科教學等於是把孩子的生活世界切割成片片段段，對正要認識這個世界的幼兒來說，是非常不恰當的。

舉實際的例子來說，有個幼兒園的主題課程是這樣的：孩子在校園裡的菜圃中發現了毛毛蟲，非常好奇，於是老師開始帶著孩子去觀察毛毛蟲吃什麼、怎麼活動、怎麼變化，並讓孩子把觀察到的畫下來，並做成小小圖畫觀察紀錄來進行討論。不久，毛毛蟲結成了蛹，這時，孩子們發現，同樣的毛毛蟲結成的蛹居然有不同的顏色，到底是為什麼呢？

有了這樣的提問，老師開始帶著孩子們找資料，並鼓勵孩子提出各種可能的假設，例如「可能是吃的葉子不一樣」或「可能是結蛹的保護色」等，然後孩子就開始養毛毛蟲進行實驗，給毛毛蟲吃不同的葉子、在毛毛蟲結蛹的地方墊放不同顏色的色紙……孩子每天都帶著滿懷的興奮和期待來上學。

最後發現，果然是結蛹時所在位置的顏色影響了蛹的顏色！在整個主題課程進行的過程中，孩子觀察、思考、分享討論、實際動手操作、合作解決問題，這樣的課程所提供的經驗對孩子來說就是真實、完整而有意義的。

所以，家長必須要懂得選擇與判斷，選幼兒園時先看一下環境是否豐富，有沒有足夠的室外活動空間、有沒有自然探索的環境、教室裡是否有各種學習區，而不是把孩子關在小小的教室裡拚命上課；並要仔細看課程表，是不是有完整的時段讓孩子進行完整的探索，課程的內容是不是和孩子生活相關，老師是不是能夠引導孩子思考討論學習，還是只照表操課，寫一堆美語、數學、注音之類的學習單，或是做千篇一律的勞作。

幼兒這幾年是身體以及心智成長的關鍵時期，合宜的課程可以支持孩子各方面的成長，請家長一定要為孩子慎選幼兒園。

CHAPTER 4

緒發展作好打底。然後，我就會介紹情緒發展的三個面向：情緒理解、情緒表達與情緒調節，讓父母知道要注意哪些事情。接下來，我會介紹一些從孩子出生開始，父母就可以做的事，例如嬰兒按摩、感統與寶寶運動，讓寶寶的情緒先有好的生理基礎，然後再說明孩子發脾氣或愛哭時，父母可以如何有效的教導！希望透過這章的學習，能讓孩子的情緒能力建立得更好，爸爸媽媽也更能享受育兒的快樂喔！

陪出
情緒力

談到「情緒」，爸爸媽媽的腦袋裡浮現什麼呢？孩子愛哭、不講理、動不動就生氣？還是如何「制伏」孩子讓他不要再吵了呢？

其實情緒的教導有很多面向，有好情緒的孩子各方面的適應都會比較好，而情緒能力差的孩子，不只造成父母老師的困擾、無法與手足同儕好好相處，自己也會比較不快樂，長期下來甚至會影響孩子的人格。

所以，在這章「陪出情緒力」中，我會先從情感的根基，也就是親子的依附關係談起，先讓爸爸媽媽知道如何為孩子的情

安全依附建立情感根基

嬰幼兒出生後，腦部神經元快速的發展，但神經元之間的連結還沒有很清楚的建立起來，嬰幼兒在與主要照顧者的互動過程中，會慢慢形成親子間的依附模式，這些依附互動的經驗會在孩子的腦袋裡形成情感的基本運作模式，這個模式將會影響孩子如何面對環境與他人，因此情緒發展對嬰幼兒發展來說相當重要。

依附情緒窗口不可錯過

從出生到三歲左右是大腦神經迴路開始建立運作模式很重要的黃金期。零到三歲這個階段，隨著跟人互動的經驗，互動迴路會建立起來，影響孩子將來如何去對外在環境做反應。生命早年若是遇到情緒上嚴重的創傷，這個創傷會影響腦部的發展，將來要修復就比較困難。

從一些腦部造影的研究中推論出，情緒發展在生命早期似乎有很重要的黃金時期，這個情緒窗口很早就關閉了。一旦在情緒窗口關閉之前，孩子遭遇很不好的情感創傷，這個創傷就會影響他未來的生命；長大以後當他遇到情感關係時，創傷經驗會帶來負面的影響，而且很難被修正。

在童年階段，孩子還不是很了解這個世界上感情是怎麼一回事，但那時學到的互動經驗，在長大後一旦面臨人生重大情感事件時，很可能會「再現」。也就是說，似乎在幼兒早期某些很重要的情感互動經驗，不管是我們有意識到或沒意識到，可能成為我們成年以後情感互動內建的模式。

童年情緒發展攸關一生幸福

對孩子來說，情感和情緒的發展，攸關一生的幸福，如果我們希望孩子追求的是幸福的人生而非只是成功，也許更重要的是，去看重他早年情感關係的建立，是不是一個健康、合理的模式。

如果孩子小時候得不到情感的滿足，比方說母親得到產後憂鬱症、受虐兒，或是遇到不敏感的照顧者，恐怕終其一生都要不斷在伴侶關係、親子關係中不斷的被傷害和傷害別人，而且恢復不易。有些研究特別去做情緒創傷或精神受虐孩子的腦部造影，結果發現這些孩子腦部的活化型態和一般孩子不一樣，證實了早年情感的剝奪會對孩子的發展造成嚴重的損傷。但是，如果小時候受創的時間不那麼長，不那麼嚴重，及早發現、及早治療，還是有可能恢復。

有些孩子如果早年受虐被安置到安置家庭去，安置家庭的父母若能不斷的讓孩子體會，「不管怎麼樣，你還是被愛」，這樣孩子還是有機會復原。但是情感的復原真的很不容易，這也是為什麼情緒在早年非常被強調。

情緒發展的早年時期，如果父母給孩子建立一個安全的情感模式，溫暖的對待他，體貼的回應他，讓孩子的愛得以滿足，這個孩子將來很可能很樂觀、很有挫折容忍力和復原力。就像是以生理來說，發育期父母如果注重營養和調理，小孩將來身體發育好的機會自然就比較高。

「好修養」可能降低了幸福感

老一輩的父母比較壓抑情緒，這跟中國人的文化有點關係。中國人推崇修養，但所謂的修養有時是「泰山崩於前而面不改色」、「喜怒不形於色」，就是沒有什麼激烈的情感反應，我們認為這樣叫做「修養好」。但是換個角度來看，這種修養也許只是反映出這個人因為經歷長期的情感壓抑，「不擅表達自己的感情」。

華人的父母花很多時間規範孩子的行為，在我做親子言談的研究中發現，台灣的父母對孩子有很多行為上的說明、要求或是教導，但都是針對外在行為，內在的情感跟想法的討論，很明顯少於西方國家。也就是說，我們在長期的壓抑跟忽略下，造成孩子弄不清楚自己真正的情感狀態，怎麼樣叫做合宜的情緒也無法掌握。我們的文化中常常提醒小孩「得意不要忘形」，就是說高興也不要太高興；難過也不要太難過。長期下來，人對情感的感受力差、表達也差，然後還自認為很有修養。

除了對孩子，反映在婚姻上也是這樣，華人的婚姻是所謂的「高穩定、低滿意」。因為我們在情緒表達上太弱了，從小成長歷程中對於情感的忽視和壓力，導致我們在進入真正重要的情感關係時，不管是親子關係還是夫妻關係，我們都在情感關係這一塊處理得很薄弱。因為我們練習與運作的機會少，不知如何自我辨識，也不知如何辨識他人情緒。某種程度上可以說，我們的幸福感降低了，所以情緒的影響層面很大。

被愛的小孩更獨立

還有，在我們的文化中教養小孩，常常耳提面命「小孩子不要太寵他」、「小孩子不要太黏媽媽」，整天黏著媽媽長大的男孩被譏笑為「娘娘腔」、「長不大」……我們不喜歡孩子過度黏著父母，認為父母要儘早讓孩子學習不要黏媽媽、要學獨立。但實際的研究發現，早年跟父母有緊密情感連結的孩子，反而能夠及早獨立。而那些情感需求始終得不到滿足的孩子，在將來的人生，反而得不斷的在各種關係中，去尋求那個心中始終沒有被填滿的空缺，所以他的外表和行為雖然獨立了，心理上卻一直沒有獨立。

研究的結果告訴我們，安全依附的孩子獨立和探索的行為，出現的時間早、量也多；反之那些在依附上不安全、愛沒有被滿足的孩子，就整天黏在爸爸媽媽身邊，因為他深怕一放手這個人就不見了、不要我了，因為他在情感上得不到滿足，愛得不到滿足，因此探索行為出現得晚，探索行為也少。

所以父母如果希望孩子早一點在身心方面都能夠真正的成熟獨立，其實要給孩子愛的滿足，而不是及早剝奪他愛的需要。我猜很多父母恐怕對自己的情緒也不太清楚。比如說常常看到父母看到小孩跌倒了，心裡明明是擔心，但父母當場反應是生氣：「你為什麼不好好走？」甚至揍他。這種狀況是父母情感表達的不當，他當場應該說：「有沒有受傷？」先表達關心，再表達：「走路不好好走，媽媽很擔心你會受傷。」而不是當場以憤怒的情緒去取代焦慮。

父母是最重要的情緒老師

我覺得台灣的父母有個很棒的地方，就是非常重視親子關係。今天我們要叫父母、成人來為自己進修學東西很難，可是今天如果是為了孩子，很多父母就赴湯蹈火，在所不辭。換個角度來說，有機會生養孩子對父母本身來說，是值得感恩的一件事情，因為孩子的緣故，父母重新被教育，重新去修復自己成長過程中的失落。父母想要幫助孩子、教養孩子的同時，其實也重新教養自己，我覺得這是一個很棒的互動關係。因為父母常常為了孩子而學習，但是最大的受益者往往是父母本身。

情緒是上天給人最美的禮物，不論是喜怒哀樂，都讓我們有機會深刻體驗人生的滋味，情緒的學習是一生的歷程。但願每個孩子在年幼的時候都可以依照他真實的情感被接納，得到適時適當的幫助，從愛中得到真正的自由。

情緒發展的三個面向

嬰兒一出生就有情緒，舒服的時候會露出高興的笑容和舒服的聲音；不舒服的時候會叫、會哭。也就是說，嬰兒在很小的時候，就有一些模糊但還不是很分化的情緒。嬰兒透過表情、聲音、動作，把自己內在生理狀態和感受溝通給外界知道，我們稱它為「情緒的表達」。這種情緒表達使嬰兒的照顧者可以了解嬰兒的狀態，對還不會說話的嬰兒而言非常重要，事關他的生存。

嬰兒的哭分很多種，無聊要人跟他玩的哭、肚子餓的哭、大便的哭、不舒服或身體疼痛的哭……每一種哭的聲音和方式都不同，表達的是不同的訊息。不只是哭，笑對嬰兒的生存也很重要，嬰兒出生不久，父母就可以在嬰兒睡夢中觀察到反射性的笑容，兩個月大左右，嬰兒開始出現社會性的微笑，嬰兒的笑容對照顧者有一種特別魔力，引發照顧者對嬰兒產生強烈的吸引。

此外，嬰兒也會本能的對巨大聲響、蛇類動物感到害怕，到了半歲左右，孩子開始會害怕陌生人，到了寶寶開始會爬行時，孩子在這個時候會自然發展出對「高度」的恐懼，這些不同的害怕情感同樣大大保護了孩子的生存。哭、笑和害怕，都是情緒表達，都是柔弱無助的嬰兒與生俱來非常重要的配備，靠著情緒表達會大大增加嬰兒生存的機率。所以，孩子有情緒，其實是上天非常棒的設計，有助於嬰兒的生存。

情緒理解，認識表達背後的意義

嬰兒七到九個月大之間，開始會去認定特定的依附對象，通常是他的母親或主要照顧者。這時他的語言能力還非常弱，頂多能發出「爸爸」、「媽媽」簡單的音。但是他對周遭環境的探索已開始，那他怎麼知道周遭環境代表的意義呢？正常發展的嬰兒看到新的事情，第一個動作是轉頭看媽媽的表情，若媽媽帶著鼓勵的笑容，嬰兒就會去嘗試，反之若是媽媽透露出阻止的神情，嬰兒則會卻步。這種「社會參照」的能力使嬰兒可以藉由媽媽的情緒訊號了解周遭環境的意義。

之後，孩子愈來愈知道不同的情緒表達代表什麼意義。例如看到媽媽臉上帶著笑容，表示可以再賴皮一下，如果看到媽媽已經在皺眉頭了，最好趕快收玩具。

大概在四歲左右，小孩在情緒理解上會再有一個很重要的翻轉。他開始意識到情緒不只是一個行為或表情，而是內在的主觀狀態，這種心智性的情緒理解是孩童情緒認知上非常大的翻轉。這個階段問他：「收到禮物會不會高興？」他會回答：「不一定，要看禮物喜歡還是不喜歡。」這時不是事件決定情緒，而是透過對事件的主觀判斷來決定情緒，心智性的情緒理解就此展開，可說是情緒理解上的重大進展。

為什麼到了四歲會有這樣子的改變？第一，年齡當然是主要的因素；第二，可能是因為認知的成熟；第三，還有一個非常重要的就是社會互動經驗的累積。也就是說，情緒理解是可以經過學習來增進的。

孩子小的時候，當情緒發生時，父母可以先描述情境，再以適當的情緒語彙標示出小孩當時的情緒狀態。例如，「弟弟弄壞了你的玩具，你現在一定很生氣。」這時小孩就學到，我目前這種激動的狀態叫做「生氣」，生氣原因是因為弟弟弄壞了玩具，下一次他就會學會告訴父母：「我很生氣，因為弟弟弄壞我的玩具。」而不是一味的大吼大叫或是哭鬧。情緒語彙的學習非常重要，可以幫助孩子把內在感受正確而清楚的表達出來，並與他人進行情緒的溝通。

當孩子學會足夠的情緒語彙可以進行情緒的溝通時，父母和老師就可以進一步引導孩子去認識情緒的本質，幫助孩子了解情緒不見得是情境決定，主要關鍵在於當事人對情境的解讀。父母可以引導小孩去想：「或許我們不能改變情境，但是可以改變自己對於情境的解釋，因此，外在事件不能決定我的情緒，反而是自己可以學著去處理自己的情緒。」

情緒理解還有另一個重要的層面，就是認識社會上可以接受的情緒規則。例如，孩子慢慢會學到，當學校老師說了一個無聊的故事時，他還是要說：「謝謝老師說好聽的故事給我聽！」生日時當阿公買了不如自己意的禮物時，他還是應該要表達感謝等等。這不是教孩子虛假，而是理解人情世故並體諒他人的感受。對這些情緒潛規則的了解有助孩子的人際互動與適應，搞不清楚狀況的孩子就很容易被認為白目或沒禮貌，所以，爸爸媽媽應該要花一點心思教導孩子這方面的知識。

情緒調節，運用策略幫助自己恢復

情緒調節是指孩子運用一些簡單的策略來調適自己的情緒，把自己極端的情緒恢復到較低的激發水準。例如當孩子很生氣的時候，有些孩子會大哭大鬧很久都平靜不下來，但如果我們教孩子一些簡單的策略，告訴他，當他很生氣很生氣的時候，他可以數到十、找媽媽抱抱、用力抱緊布偶、說出來、找別的好玩的事情做……有了這些策略的孩子就可以練習幫助自己先把情緒平復下來，再想想怎麼處理事件。

對每個孩子來說，情緒調節的策略可能不太一樣，有的孩子最有效的方法可能是轉移注意力，另外的孩子可能是找人安慰，因此，要讓孩了有機會去嘗試，找到對自己最有效的方法。同時，情緒調節策略可能隨著年齡長大會改變，很小的孩子可能心情不好的時候找媽媽抱抱就好了，大一點的孩子可能覺得打球或找好朋友傾訴更有效一點……不管如何，我們要教導孩子，當他情緒處於極端狀態時，他是可以找到方法幫助自己的，這件事非常非常重要！

在我們的教育中向來不重視情緒教育，所以會發生國高中生成績不好就去自殺，或是大學生一失戀就去跳樓的悲劇。如果這些孩子在小時候曾經被教導過，在他們最痛苦最激動的時刻，是可以找到方法幫助自己先平靜下來的，或許很多遺憾就不會發生。

良好的情緒能力是開啟人生幸福的鑰匙。情緒的學習是一生的歷程，希望爸爸媽媽從孩子小的時候就給予孩子適當的教導，讓孩子能夠合宜的表達情緒、了解自己和他人的情緒，並找到最適合自己的情緒調節策略。如此，也就是幫孩子打開了通往幸福的道路！

善用繪本與遊戲，幫助孩子理解情緒

教導孩子理解情緒並不困難，現在有很多很棒的繪本，從各個層面探討孩子的情緒，爸爸媽媽可以借助故事的力量來教小小孩認識情緒。在這些情緒繪本中，孩子不僅可以學到很多情緒語彙，也有機會了解情緒的前因後果以及調節的方式。想為孩子選擇好的情緒繪本，爸爸媽媽可以參考《童書久久》的情緒選書。

此外，也可以和孩子玩一些情緒的小遊戲。例如爸爸媽媽可以和孩子一起製作一些情緒臉譜的小卡片，或是做成骰子也可以。然後利用遊戲的方式，請孩子在情緒臉譜的卡片中選出一張最能代表自己現在心情的臉譜，並說出產生此情緒的理由，例如孩子選一張笑臉的圖卡，然後要說出「我很開心，因為爸爸今天陪我玩」；或是請孩子揣測別人的心情並說出原因，接著請那位被揣測的人給予回饋。如果孩子玩得投入，一陣子之後，還可以玩進階版，加入更多的情緒類別，並在分享時加入並存情緒或衝突情緒的討論，例如「我又高興又有點難過，因為我要去阿嬤家玩，但是媽媽不能和我一起去」。透過簡單的遊戲，孩子有機會去表述自己的情緒、說明情緒背後的理由，並試圖去理解他人的情緒；同時，孩子也可以透過聆聽他人的表述去檢視自己行為可能會帶給他人何種印象。

最後，爸爸媽媽更可以結合遊戲、繪本講述、扮演遊戲以及生活情境中真實事件的討論，提供孩子多元的途徑來學習和思考情緒經驗，如此將可以幫助孩子在處理及面對情緒問題時能更精進。

陪伴，人在心也要在

嬰兒與照顧者情緒互動開始得很早，剛出生的嬰兒已會展露出愉快或不舒服的表情，但一開始的分化還不是很明確，父母還需要藉由嬰兒吃飽了嗎、睡得如何等反應，來了解嬰兒表達出來的情緒訊息是什麼意思。但隨著互動經驗的增加，很快的，父母會發現，嬰兒微笑、哭泣及對事物展現出與趣的反應會愈來愈明確，同時，不只是父母在回應寶寶的情緒反應，嬰兒也會主動回應父母的情緒。

大約三個月左右，嬰兒已是情緒溝通的主動參與者，在一項名為「靜止表情派典」的研究中，父母被要求先與嬰兒互動一陣子，然後突然靜止表情，以完全沒有反應的臉看著嬰兒，然後看嬰兒會有什麼回應。大多數的嬰兒面對父母突然中止的情緒溝通先是愣了一下，然後就開始展開各種努力試圖引起父母的回應，例如做出不同的表情、發出各種聲音甚至嘗試身體動作，當嬰兒發現不管怎麼努力父母都不回應時，嬰兒會轉開頭、迴避視線或開始哭泣。顯然，情緒無法繼續溝通對嬰兒而言是很大的挫折，即使是才三個月大的嬰兒都希望在互動時得到父母情緒的回應。

情緒互動是雙向的關係

接下來的幾個月，父母會發現嬰兒的表情、凝視、聲音和姿態愈來愈與環境或當時事件的意義有關，主動向父母表達情緒的狀況也愈來愈多。隨著互動經驗更多，照顧者的情緒訊息對嬰兒會變得更加重要，大約八至十個月之間，嬰兒會發展出「社會參照」的能力。例如嬰兒看到一個新玩具，他不會直接就去探索，而會回頭去看媽媽的表情，如果媽媽這時露出鼓勵的笑容，嬰兒就會試著去摸摸看，但如果他回頭看到媽媽露出的是擔憂或害怕的表情，嬰兒就會退縮，不敢去嘗試新玩具。

這是很了不起的能力，嬰兒雖然對這世界上的東西了解還很少，但他已經懂得藉由照顧者展現的情緒訊號來判斷陌生事物的意義，知道這個東西是可以去探索的，還

0歲寶寶情緒發展里程碑

0～6個月	出現社會性笑容。
	與熟悉的人互動時，顯得特別開心。
	能更有區別性的表達情緒。
	與照顧者面對面互動時，能察覺照顧者的情緒。
7～12個月	依附主要照顧者，例如強烈的只要媽媽。
	能透過接近或遠離刺激來調節情緒。
	社會參照能力出現，能覺察他人情緒訊號的意義。

是應該遠離的。

這種敏銳的、和照顧者之間一來一回的情緒互動，以及懂得藉由照顧者情緒訊號來了解事物的能力，讓嬰兒更有能力探索環境及與人互動，對認知成長和社會行為的發展非常重要。但這種能力不是憑空出現的，而是嬰兒和照顧者之間藉由互動慢慢培養出來的信任和默契。

敏銳回應造就真正的親密感

嬰兒情緒能力的發展當中，有一個很關鍵的因素就是「照顧者的敏銳度」。意思是，照顧者可以根據嬰兒的需要和反應，很有區別性的回應他。例如寶寶因肚子餓而哭泣時，可以很快得到哺餵；寶寶焦躁害怕時，可以立刻得到安撫；這種依照嬰兒需求而給予正確的回應，有助於嬰兒更明確的表現出自己在各種情況下的需要，父母也會慢慢發現，寶寶變得更容易理解，也愈來愈好帶，寶寶也會更有安全感、更信任父母，因而對父母的情緒訊號更有反應，在這種互動關係中，親子之間的親密感就會愈來愈深厚。

相對的，不敏銳的父母經常弄不清楚寶寶的需求而給錯回應，或是照著父母自己的意思，任意對待嬰兒。例如，下班了想跟寶寶玩，不管寶寶的狀況如何，就一直抱、一直逗弄，等到寶寶真的需要安撫或回應時，又聽信老一輩的建議不理他，以為這樣孩子才不會被寵壞。不敏銳的回應導致嬰兒弄不清楚自己要怎麼表現才能得到所需的回應，也造成嬰兒不信任父母，或不知父母的狀況到底是什麼意思，這種情緒的混亂將使嬰兒的情緒能力沒有辦法好好的發展出來，不僅阻礙嬰兒對自己情緒的組織能力，影響嬰兒對外界事物的了解，也讓父母覺得寶寶總是在哭鬧或很難應付。

所以，父母如果想和寶寶建立充滿溫暖和正面的互動關係，就要練習去觀察寶寶的反應，合宜的去回應寶寶。舉例來說，近年嬰兒按摩的好處開始受到重視，很多新手父母就去學了嬰兒按摩的手法，興致勃勃的要幫寶寶按摩，希望藉由親密撫觸來促進寶寶的發展和親子關係。但實際操作後，有些父母可能會發現，狀況一點都不像想像中美好，寶寶在按摩時配合度很差，甚至哭泣或抗拒。

如果有機會去觀察那些按摩成功和按摩失敗的父母，可以發現，嬰兒按摩進行順利的父母，會看寶寶在按摩過程中的反應，調整按摩的強度、改變部位、增加或減少時間，但按摩失敗的父母則是不顧一切的努力把整套手法完成。結果，父母愈能配合寶寶，寶寶就愈能配合父母，親子關係親密其樂融融；而愈是不顧寶寶反應的父母，就造就出愈是難搞不領情的寶寶，挫折連連的互動關係，也大大折損了親子間的親密感。

安全依附的建立

那麼，要與寶寶建立美好的親密關係，父母需要留意哪些事呢？

首先是和寶寶相處的時間要足夠。現在很多父母很忙，把寶寶交給保母或托嬰中心帶，造成寶寶沒有機會和父母建立親密的連結。相處時間不夠不僅意味著寶寶看到父母的時間較少，也沒有辦法熟悉父母的聲音、氣味和感覺，另一個隱憂是，父母和寶寶沒有機會好好的在互動中了解彼此。依附不明的寶寶可能比較不快樂、哭泣的時間較長、較難安撫或有睡眠的問題，如果保母或托嬰中心也沒有辦法在情緒上充分滿足寶寶的需求，則這樣寶寶長大後可能變得較難相處，或是另一個極端，對不熟悉的成人或同儕「過度友善」，並顯示出一些人際關係上的困難與較差的適應力。

其次，和寶寶相處時要溫暖、快樂、有彈性，而且敏銳度要夠。所以父母要多擁抱、撫觸嬰兒，經常與嬰兒說話、微笑、來回互動，根據嬰兒的需要給予回應。必須提醒的是，這並不是要父母整天把寶寶抱在身上、拚命幫寶寶做嬰兒按摩，或緊張兮兮的回應寶寶的所有一舉一動。研究發現，父母放鬆、愉悅而靈活的育兒方式對安全依附最有預測力，而緊密不放鬆的育兒方式則可能造成過度刺激，例如一直盯著寶寶不放、給寶寶過量的語言、逗弄，或把自己緊張的情緒感染給寶寶，這樣反而會造成逃避式的依附。

當然，嬰兒對情緒的反應還可能與嬰兒本身的氣質有關，有些嬰兒比較不怕生也比較敢探索，有些嬰兒比較害羞或退縮；有的嬰兒很容易安撫或轉移注意力，也有的嬰兒只要有一點風吹草動就哭鬧不止。因為寶寶氣質不同，因此，有些嬰兒的確會比其他嬰兒難帶一些，但幾十年來關於嬰兒氣質的研究結論是，若父母能始終溫和及正面的回應嬰兒，嬰兒難養的氣質還是可以被校正的。

最後，父母本身是否在成長過程中與自己的父母有良好的依附關係，也會影響父母的情感模式。小時候沒有被好好疼、好好對待的父母，常常在為人父母後，拿捏不出所謂合宜的愛孩子或回應孩子是怎麼一回事。研究也的確發現，自己在情感上不安全依附的父母常養出不安全依附的寶寶。但這種狀況不是要父母去怪罪自己的父母親，而是認知到，我們看待自己童年的方式，遠比我們當時如何被對待，更能幫助我們重新調整情感模式。當父母認知到這一點，就要把養育孩子當成自己重新學習與重新修復人生的機會，時時提醒自己要正面、溫暖、有回應的對待孩子，如此不僅寶寶可以得到很好的成長，父母本身也可能得到煥然一新的人生。

黏踢踢的分離焦慮

孩子會依附主要照顧者，原本是很自然的現象。在正常的情況下，隨著孩子長大，孩子對父母的依附會慢慢從身體上的依附轉變成心理上的依附。意思是說，從原本一定要媽媽抱或一定要爸爸在身邊，一下子都不能離開，慢慢變成只要父母在看得見的地方，他就可以放心的去玩、去探索；甚至，只要父母承諾離開後等一下會回來，他也可以安心的玩或做自己的事，不會急著一直哭或一定要找爸媽。

但有些孩子的發展並不這麼順利，他一直要黏在爸爸或媽媽身邊，很怕爸媽會離開，一看不見父母，就非常焦慮非常緊張，難以安撫。

面對這種情況，父母的反應很不同，有的父母覺得孩子這麼愛我、這麼需要我，我真的很重要；有的覺得很麻煩，變得什麼事都沒辦法去做。事實上，孩子過度黏人並不是健康的反應，顯示孩子對於與父母的關係並沒有足夠的安全感，在心理上覺得他一放手，父母就會不見或不理他。

父母應主動調整依附關係

會有這種反應的孩子，常見的狀況之一是與主要照顧者的依附關係不安全，父母一直沒有辦法和孩子達成合適的互動，孩子需要的父母未能適當給予，或孩子不需要的父母一直強迫給予，這種平常就關係緊張的親子，我們會看到爸媽常常在跟孩子生氣，孩子也一直很不合作，但面臨需要短暫分離的情境時，孩子反應出來的不是疏離冷漠，反而是會一直緊抓著父母不放。

這種狀況表示，爸爸媽媽要重新調整對待孩子的方式，不要任由不好的依附模式繼續下去。建議父母先放下自己的脾氣，仔細觀察孩子的反應和需要，練習稍微順著孩子一點去回應他，也要求自己在對待孩子的時候要有一點彈性和幽默，讓親子關係可以修復回來。年幼的孩子沒有能力自己去調整依附模式，需要父母主動去做這件事。

父母信守承諾，可以改善不安全依附

順帶一提，我在親職講座的場合，常遇到許多媽媽焦慮的問我關於孩子教養的問題，我如果多問一句「孩子這種情況，你先生怎麼反應」，很多媽媽就當場掉眼淚，讓我深切感受到許多媽媽在教養孩子的路上是多麼的孤立無助。雖然華人社會很容易把教養孩子的責任都推給媽媽，但教養孩子絕對不是媽媽一個人的事，爸爸也要進來幫忙，如果爸爸實在沒有辦法幫忙照顧孩子，至少要做到好好照顧老婆。當爸爸的人要愛護妻子，讓妻子不要壓力那麼大，她才會有好的體力和脾氣去照顧孩子。

另外，過度分離焦慮常見的原因還有孩子曾有過不好的經驗，爸爸媽媽以前曾經在沒有清楚告知的情況下離開他，或是承諾他會立刻回來，卻沒有出現。若是這種狀況，則父母要好好重新建立信用，放下身段為之前的不守信用或突然消失跟孩子道歉，之後，要離開時一定要跟孩子講清楚，給承諾後一定要依約出現，先從短的時間做起，爸爸媽媽說指針走到幾會回來，就一定會回來，「如果我乖乖等，爸媽回來還會獎勵我」，一次、二次、三次，孩子發現爸媽真的是可相信的，而且放心讓爸媽離開一下下，還有小禮物可期待，漸漸的，緊迫黏人的狀況就會改善。

最後，還有一些情況是，父母本身也跟孩子難分難捨，孩子一黏著哭，爸媽就心疼得不得了，欲走還留，雙雙淚眼相對。說起來有點誇張，但如果到幼兒園去看看，會發現這樣的爸媽還真不少，有分離焦慮的其實不是孩子而是爸媽，孩子只是因為看到爸媽的反應，跟著哭鬧罷了。我們在幼兒園常見的狀況是，早上帶來時，孩子和爸媽生離死別似的不忍放手，但爸媽一走，孩子就立刻沒事，好好的、開開心心的玩一整天，等到下午爸媽要來接的時候，他又開始哭，結果給父母一個印象是，孩子為了找爸媽哭了一整天！建議有這種情況的父母，詢問一下老師孩子的狀況，別再過度操心了。

健康的依附幫助孩子建立良好的親子關係，不健康的依附則可能造成日後的人際障礙，當孩子有過度的焦慮時，父母請檢視一下自己平常和孩子的互動狀況，做一點調整，才能讓親子關係有健康正面的發展。

嬰兒按摩，為好情緒打底

在嬰幼兒的情緒力培養上，有一個面向也很值得父母關注，就是要給孩子足量的身體活動。足量的身體活動能促使孩子身體強健，各方面的感官變得靈敏，也會幫助孩子有比較穩定的情緒，孩子小的時候，爸爸媽媽可以幫他做嬰幼兒按摩和感統運動，再大一點就帶到公園跑跑、跳跳、翻滾，都有益於情緒發展。

先來看嬰幼兒按摩。嬰兒按摩最早的研究是在早產兒上，研究人員發現，如果護理人員或媽媽將手溫熱之後，貼在早產兒的皮膚上，只要靜置撫觸，一天數次，居然就可以增加早產兒的存活率。後來運用到正常寶寶的研究，發現如果給他做一些基本的嬰兒按摩，不但吐奶的狀況會改善、睡眠比較深、比較早睡過夜、發育比較好，孩子情緒也會比較平穩。

寶寶多大可以開始按摩呢？原則上剛出生就可以按了，不過剛出生的寶寶，建議只要用手靜置撫觸就好。爸爸媽媽把手洗淨後，在手上滴幾滴嬰兒油，雙手搓熱，放在寶寶身上，讓孩子的皮膚能感覺到父母親手掌的溫熱。至於比較複雜的按摩手法，建議兩個半月到三個月左右再做。

幫寶寶按摩的時機也很重要，千萬不要選在孩子心情不好、肚子餓的時候，比較好的時機是剛洗完澡，吃飽睡飽、神清氣爽時。按摩時記得要跟寶寶有眼神接觸，距離大概三十公分，眼睛看著他，同時跟他講話：「你看，爸爸現在幫你按腿腿，喔～好舒服。」

有些爸爸媽媽在外面學了整套嬰兒按摩手法，會希望每次按摩都要從頭到尾做完，其實不用。按摩時很重要的一點是，要留意孩子的反應去互動，他反應好的地方就多按，然後跟他講話，他抗拒的部位就先靜置撫觸，等他抗拒不那麼明顯時，再稍微移動雙手，加進按摩手法。

坊間有不少嬰幼兒按摩的課程，但日常生活中幫寶寶洗完澡後塗一點按摩油，跟寶寶做一些身體互動，跟他講講話，其實效果一樣很好。嬰兒按摩的好處，不只是對孩子的發展，最重要的是幫助孩子跟爸爸媽媽間有更多感官的互動，因為當你在幫孩子按摩的時候，孩子看著的人是你、他會聞到你的氣味、聽到你說話的聲音、感覺到你的手在他身上的力量，這些都非常有助於孩子跟你建立深刻的情感連結，所以再忙也不要將這個工作假手保母或托嬰中心老師。

以下示範幾種在家就能簡單做的寶寶按摩手法，記得先把手洗乾淨，雙手搓熱，在準備按摩的部位靜置撫觸一會兒，再開始按摩。

腹部按摩

孩子如果容易吐奶或經常有脹氣的狀況，可以做一些腹部的按摩，能改善他的消化狀況，消化變好，孩子也會比較好睡。

水車法：

1. 爸爸媽媽雙手五指併攏，從大約肚臍處，慢慢順下來，連續幾次。

2. 沿著肚臍，右手以順時針方向畫小圓圈，接著左手以順時針方向畫大圓圈，連續幾次。切記凡是腹部的按摩一定要順時針按，因為腸胃是這個方向，如果逆時針按，會把寶寶的大便全部推回去。

I Love You：

1. 2.步驟同上。

3.用五指指腹在寶寶肚臍周圍畫「I」、「愛心符號」、「U」，連續幾次，邊畫邊對寶寶說：I Love You、I Love You。

如果寶寶有輕微便祕，也可以用指腹，從肚臍下方，由左至右，慢慢像爬樓梯一樣推過來。通常如果寶寶真的便祕，輕壓就能摸得到大便積在腸子裡，可以慢慢將它推出來。

手腳按摩

孩子睡覺前可以幫他做一些手腳的按摩，從中心往外的按摩，都有放鬆的效果。

1. 輕輕舉起寶寶一隻腿，雙手從大腿根部，往外推向末端。
2. 推幾次之後可以像轉毛巾一樣轉一轉他的腿。
3. 腳底來回推一推。
4. 換腿重複相同的步驟；最後雙手從屁股兩側順下來。

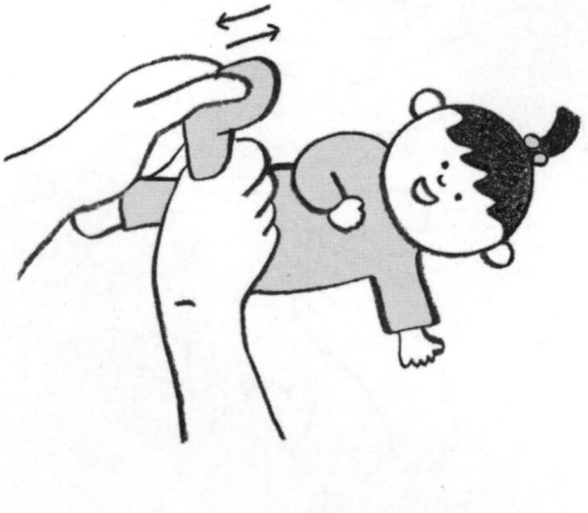

雙腿按完後，手臂也是用類似的手法。但要留意的是，如果寶寶肌肉張力特別差，很大了頭還不太會抬、身體不太會翻身，或手腳很不靈活、爬行很慢，要做的不是從大腿根部往外按的動作，而是從肢體末端往內按，才能增加他肌肉的張力。

牙齦按摩

當寶寶開始長牙的時候，他會感覺疼痛、不舒服，這時可以幫他做一些牙齦的按摩，舒緩長牙的不適。

1. 雙手稍微托住寶寶的頭。
2. 用大拇指輕輕在寶寶牙齦上畫圓圈。

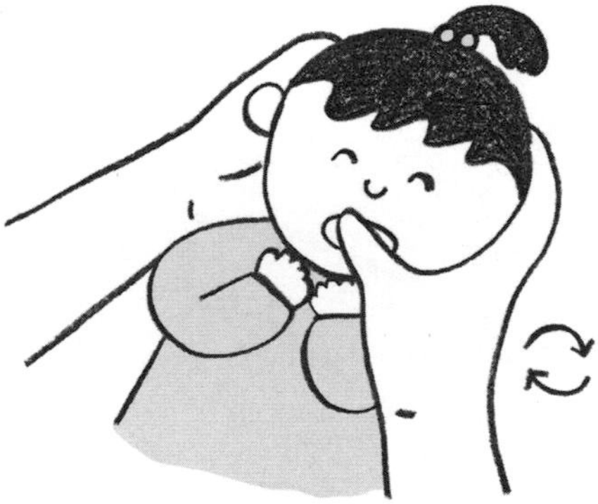

3. 用大拇指輕輕在寶寶下顎畫圓圈。

4. 大拇指在臉頰上順揉一下，最後繞過耳朵後面勾一下。

背部按摩

比較大的寶寶、趴著會自己抬頭時，可以讓他趴在床上，直接幫他做搓揉背部的動作；比較小的寶寶可讓他貼在爸爸媽媽身上，幫他做之字形的按摩或是背順的按摩。

身體動得多，寶寶更好帶

上一篇我們提到足量的身體活動可以幫助孩子有比較穩定的情緒，在家除了可以幫寶寶做嬰兒按摩外，這篇繼續來看另一種推薦的身體活動——感統運動。

孩子洗完澡，可以拿很柔軟的毛巾輕輕刷孩子的背；也可以用大浴巾把孩子包在裡面，像包春捲一樣在床上把孩子滾一滾，這些都是爸爸媽媽在家就能簡單帶著孩子做的感統運動。

感統運動對寶寶肌肉、骨骼、大腦、情緒各方面都很有幫助，我們從以下幾個運動來說明：

飛飛機

爸爸媽媽躺在床上，寶寶趴著托在大人的小腿上，兩人面對面，然後讓寶寶跟著大人小腿前、後、上、下的擺動而晃動。

當寶寶趴在爸爸媽媽腿上，像坐飛機一樣飛高高的時候，他的脖子後面必須用力，才能讓頭抬起來，這個動作能刺激後腦幹，對前庭的刺激非常有幫助。這也是為什麼我們很鼓勵孩子要多爬行，因為孩子爬行時，一定是趴著把頭抬高，且要支撐身體的力量，所以對感統發展是很好的運動。

家裡也可以買一種很簡單的小滑板，下面有滾輪，上面是軟墊，孩子趴在上面用手滑行，就可以在家裡安全的地方到處滑行，這對孩子練習

趴著抬頭很有幫助。

暖身按摩

如果你的孩子還很小，嬰兒或是一歲多，可以幫他做簡單的嬰兒運動。比如寶寶洗完澡後，邊唱歌邊幫寶寶按摩：「頭兒肩膀身體和腳，身體和腳，身體和腳，頭兒肩膀身體和腳，把屁屁抬起來。」唱到哪個部位就撫觸那個部位，從頭、肩膀、身體到腳，唱到「把屁屁抬起來」時，雙手抓寶寶腳踝將他的屁股抬起，稍微離開床墊，左右稍微搖晃，數「1、2、3」後，鬆手讓屁股掉下去。寶寶一開始屁股被抬起來搖

一搖，又突然放下去，他會嚇一跳，可是一、兩次後他就知道了，反而會期待。這個運動能訓練寶寶的背肌比較強勁，寶寶剛開始學坐，或是走路還不穩定，都可以跟他玩這個簡單的遊戲。

小寶寶的手腳交叉運動

孩子從嬰兒階段慢慢發育到一歲多時，可以跟他做一些很簡單的手腳交叉運動。這時孩子的手腳很軟，大人可以邊唱兒歌，邊抓住孩子的小手、小腿，跟著旋律任意交叉或折疊，也可以抓左手和右腳互碰，或是抓右手和左腳互碰，隨意變化形式，最後抓住寶寶的雙腿稍微往他的肚子輕輕壓一下。

這當中有手的交叉、腳的交叉、手腳的交叉，爸爸媽媽有沒有發現，上述這些都是左右交叉的活動，因為凡是通過身體中線的左右交叉活動，都非常能促進孩子的感覺統合。

有些孩子在做感統治療時，治療師會運用一種半圓形的月亮椅，讓孩子站在上面左右搖晃，也是一種通過身體中線的交叉活動。網路上我們能找到一些健腦操，不管是身體、頭、手臂的動作，幾乎都是「8字形」，設計原理就是通過身體中線的交叉活動。所以當寶寶小的時候，可以多給他做身體交叉的活動，邊唱歌邊講話，刺激他身體的發育。

大寶寶的手腳交叉運動

大一點的寶寶，可以讓他背對著坐在你的腿上，抓著他的手做一些很簡單的開合動作：「合攏，張開，合攏，張開，小手拍一拍」，接著繼續拉著他的手在他的身體移動：「爬呀，爬呀，爬呀，爬呀，爬到小臉上，這是眼睛，這是嘴巴，這是小鼻子，哈啾～」最後將你的身體彎下輕輕壓向寶寶；或者把寶寶抱起來做一些簡單的搖晃，往前移動，往後移動。

甚至你可以雙手托住孩了，讓孩子面朝地，做一些簡單的前後搖晃，當你讓孩子往前晃的時候，他會做出一個雙手張開的動作，叫作「飛機反射」。你還可以讓寶寶背對著你，抱著孩子的小腿讓他坐在你的手臂上，一邊搖晃一邊唱：「倫敦鐵橋垮下來，垮下來，垮下來」，唱到「就要垮下來」時，大人雙手稍微下降，讓寶寶有從高處往下降的動作。

這些各式各樣的身體活動，比如在大人的腿上飛飛機、在你手上搖晃、從高處稍微往下降、身體左右交叉的活動，看起來只是身體在動，

事實上孩子的大腦必須不斷適應方位的改變，去調整腦袋的協調，這些活動對於孩子早期腦部的刺激非常有幫助。不過要提醒父母，寶寶不能夠過度搖晃，只要適度陪他做運動就非常有幫助了。

動不動就生氣、唱反調！

面對經常生氣的孩子，父母第一個要檢視的是，孩子的日常作息是不是需要調整，例如孩子是不是每天都太晚睡，以至於白天必須起床卻精神不濟；孩子是否嚴重偏食或缺乏特定的營養素，以至於情緒不穩定；或孩子是否很少有運動的機會，導致身體循環不佳或荷爾蒙分泌不平衡。這些狀況排除了，再來考慮調整回應孩子的方式。

如果不是生理狀況造成，則爸爸媽媽就可以對孩子做一點簡單觀察：他都對誰生氣？都在什麼情況下生氣？孩子的行為大概都會有個模式，通常只要留意一下，很快就會發現問題所在。

從重新建立良好關係開始

如果孩子總是對特定的人生氣，例如只愛媽媽討厭爸爸，爸爸講什麼他都不要、都要嗆聲，這時可以想一下，爸爸平常都是怎麼對待孩子的，是不是爸爸本身也很容易發怒，但媽媽總是扮白臉，爸爸一生氣媽媽就阻擋或維護孩子。在這種情況下，父母可能要重新調整對待孩子的方式，不要讓爸爸或媽媽任一方在孩子眼中變成壞人。

簡單的方法是，和孩子衝突最烈的一方，先暫時「擱置」和孩子衝突或糾結的點，不要再一直責罵或教訓孩子，先從重新建立關係開始做起，可以做的事包括：無論如何，每天都找出一兩件事讚美孩子，如果完全找不出可以讚美的事，跟孩子說「我很喜歡你」這樣也可以；此外，每天給孩子一段「專屬時光」，時間不用長，十五或二十分鐘就夠了，跟孩子說，在這段時間你希望我陪你做什麼都可以，孩子提出的任何要求，看是要講故事還是玩玩具還是做什麼，只要做得到儘量做，父母態度要好，要有耐心，不帶評論純陪伴。

對於已經在和孩子對立的爸媽來說，要放下身段陪孩子，說得容易，但做起來並不容易，這時另一半要協助幫忙排除干擾，並多鼓勵正在努力調整自己脾氣的老公或老婆。孩子的心其實是很柔軟的，只要父母有心做，親子關係一定可以修復。

幫助孩子建立新的情緒反應迴路

另外的狀況是，孩子並不是對特定的人生氣，而是情緒調控的能力很差，一有不如意就要發脾氣，這種只知用生氣來表達自己的挫折的孩子其實很需要幫助。這時父母可以從兩方面同時進行，第一是做「區別增強」，不要再跟孩子說你「不要」做什麼，而以正面論述，跟孩子說你「可以」做什麼，先提供他新行為的建議，例如別再告訴孩子「你不要再生氣了」，而是告訴他「你跟媽媽說你想要怎麼樣，媽媽幫你忙」。

之後當孩子又亂發脾氣的時候，當做沒看到，就讓他去生氣，並發現再怎麼生氣都沒有用，根本沒人要理我，但當孩子試著用說的方式表達時，父母要立刻正面回應，讚美他用說的，並提供他必要的協助，如此，一邊削弱他的生氣反應，一邊建立新行為，可以讓孩子建立新的情緒反應迴路來面對挫折情境。

另一方面要做的則是調整孩子習慣性的負面思維或負面反應。經常生氣的孩子，已經習慣用負面的眼光和方式面對環境，長期下來是很不好的。我們會發現大人也是這樣，有些人好似天性樂觀，總是開開心心的過日子，有些人就總是很憂鬱或容易發怒，好像全世界都對不起他。要讓孩子長成快樂的大人，從小就要幫助他建立正面的態度，孩子表現好的時候，讚美他的天賦，讓他對於自己長久性的特質有信心；孩子表現不好的時候，更要肯定他的努力，提供必要的指導，讓他知道只要我願意，我就會進步，就可以變得更好，讓他願意付出努力。必要時，父母可以不著痕跡的適時調降給孩子做的事情的難度，讓孩子有獲得成功的機會和體驗，再逐步提升任務的難度。

最後，有快樂的爸媽才有快樂的孩子，情緒是會感染的，家庭氣氛也是孩子快不快樂的主因之一，如果孩子經常生氣唱反調，有時是從大人的反應中學來的。所以爸爸媽媽要好好相愛，雖然生活壓力難免，但總是要練習幽默一點，有彈性一點，開開心心的過日子，孩子生活在快樂的家庭中，自然也會少了脾氣，多了快樂知足的心！

生氣、想哭時，我會「好好說」

很多父母在孩子鬧情緒時，都會跟孩子說：「你要用說的喔，這樣我才知道要怎麼幫你。」事實上，孩子可能也很想「用說的」，問題是他不知道該怎麼說、不知道要說什麼，所以我們除了教孩子要用說的，也要教孩子如何把內在朦朧的情緒狀態，透過口語精準的表達出來，這是情緒表達教導的第一步。

在華人社會裡，情緒向來不是我們在意的事情，所以我們從小就不太知道如何去精準表達感受，情緒語彙也很貧乏。比如請你說出十個正面的情緒語彙，你會發現除了高興、開心、感動、得意，說不出幾個來；換成十個負面的情緒語彙，除了難過、生氣、害怕、嫉妒，好像也沒那麼好講。情緒語彙貧乏的結果，導致我們對自己的情緒理解有限、情緒溝通能力有限、情緒處理能力也很有限。

所以當我們有機會教孩子情緒力時，就要從小幫助他學習情緒表達和情緒語彙。實務上，我常使用兩種方法來教小朋友，一種是情緒圖卡，一種是情緒繪本。

情緒圖卡

情緒圖卡在市面上都買得到，也能自己製作。拿一張紙摺成四等份，畫上高興、生氣、難過、害怕四張臉，剪下後就是簡單的情緒圖卡。情緒圖卡可以怎麼用呢？比如我們可以選「高興」的圖卡，請全家人一起做出高興的表情，孩子很快會發現，一樣是高興，每個人做出來表情不盡相同，孩子有機會透過這個方式去觀察不同的情緒表情，認識高興、生氣、害怕是什麼樣子？

接著，教孩子知道情緒背後是有原因的，每個人選出一張最能夠代表現在感受的圖卡，說出「我的感覺」以及為什麼。比如媽媽選了「高興」的圖卡，然後說：「媽媽覺得很高興，因為哥哥剛剛自己把飯吃光光。」換爸爸選了「生氣」的圖卡，然後說：「我現在覺得很生氣，因為剛剛我叫弟弟收玩具，弟弟都沒有收。」透過這樣非常簡單的活動，孩子能學習到，原來情緒背後是有原因的，且相同的情緒對每個人來說可能是很多不同的原因造成。

玩完「我的感覺」，可以玩「他的感覺」，猜猜別人現在的情緒，並說出理由，最後當事人要確認是否如此。透過這個簡單的遊戲，孩子能學到如何觀察別人的情緒，同時了解到，有時別人表達出來的情緒未必是他內心真實的感受，慢慢地，孩子愈改愈會去留意他生活周遭的人正在經歷什麼、愈來愈懂得觀察及了解他人，這個能力正是將來與人相處非常重要的能力。

情緒圖卡的第三種玩法是「說出『最……』的經驗」。比如說出「最難過」的經驗，孩子必須去回想在過去這麼多類似的經驗中，哪一個讓他覺得最難過，孩子因此可以說出比較長的情緒敘事、表述出深層的情緒經驗。

情緒繪本

情緒的面向很多，且有些複雜的情緒，如嫉妒、得意、害羞、尷尬……並不是那麼好教，這時情緒繪本就能派上用場。「情緒」如果不透過語言表述出來，其實是一個朦朧的狀態，但如果透過語言表述出來，它可以做很多複雜細緻的討論，而孩子在討論的過程中，就在經歷情緒跟理解情緒，這對於真實生活的應用非常重要。有時候孩子在讀繪本的過程中，原本心裡的結也能得到療癒。

比如《我的感覺》系列套書，當中包括《我好難過》、《我好害怕》、《我好生氣》、《我好嫉妒》等，作者是位兒童心理學家，從情緒的原因、情緒狀況的表達、情緒的解決策略，一步步引導幼兒。

以《我好難過》為例，裡面寫到：別人不讓我玩的時候，我好難過；不能擁有自己很要的東西，我好難過……（情緒的原因），接下來描寫難過是灰灰的、累累的感覺……（情緒狀況的表達），最後主角說難過的時候，我可以去公園盪鞦韆、和朋友玩，難過的感覺就會不見了……（情緒的解決策略）。對孩子來說，它具有清楚且明確的教導效果，父母可以利用這些書來跟孩子進行情緒討論。

也可以針對某種特定情緒，比如愛生氣或愛哭，找相關繪本來跟孩子討論。有關生氣情緒的書很多，例如我常在課堂上用《我變成一隻噴火龍了！》來輔導孩子生氣的情緒，這本書中有一隻蚊子，最愛吸生氣的人的血，還有一隻愛生氣的恐龍阿古力，阿古力每次被蚊子叮到後就會亂噴火，後來他想盡方法終於把火熄滅。

每次小朋友們聽完這個故事後，我都會問：「當阿古力最後終於把火熄滅，你覺得他是什麼樣的心情？請你把它畫下來。」很有趣的是，小朋友們畫出了各式各樣的表達，有人畫阿古力高興的表情；有人在阿古力後面畫煙火、彩虹來代表他的心情；最特別的是，有人畫出只有海浪、岩石、太陽的圖，這個孩子說：「因為阿古力又哭又笑把火熄滅後，心情就像海浪在拍打，然後太陽出來了，微風吹拂。」

透過這些表達，你會發現，其實孩子對於情緒是非常敏銳的。所以情緒繪本除了可以透過口語討論，也可以讓孩子畫畫看：「你覺得故事主角是什麼感受？」針對他畫的內容或說出來的內容，再跟他討論為什麼會有這樣的感受。

另外有些比較難跟孩子談的議題，比如親人過世、寵物死掉、父母離婚、在學校被朋友拒絕等，都可以透過情緒繪本幫助孩子帶出深層的感受，對情緒學習會有很大的幫助。

已有研究發現，要幫助孩子發展口語敘事能力，最好的方法就是選一些帶有情緒經驗的事情讓他回想、讓他講，因為帶著情緒的經驗往往最能引發孩子的共鳴，促使孩子在表達的時候不只是交代事件，還會加上自己的想法和感受，對於提升孩子情緒表達能力和語言能力都有很好的效果。我們都希望教會孩子好好說出自己的情緒經驗，但這是需要平時教導的累積的。透過上述的活動，希望每個孩子都可以學會「情緒好好說」的能力。

CHAPTER 5

養出聰明優秀的孩子還不是那麼困難，真正困難的是如何培養出正直、良善、溫暖又有好品格的孩子！這些都不是講講道理可以做到的，需要父母用愛灌溉、用智慧引導！

最後，我以兩個實際的例子進行討論，包括孩子說謊和犯錯時父母的處理和教導，希望能引發父母更多的思考，真正教出有能有品、良善美好的好孩子！

引導
品格力

在最後這章〈引導品格力〉中，我們就要進一步來談談更深刻的教養議題：人際、道德和自律。

首先，我要先談孩子「人際關係」的發展，說明從「我」發展到「我們」的歷程中，孩子是如何學習和成長的。接下來，我就會用實際的例子談談孩子生活中很常出現的人際問題，例如手足間的吵架和告狀，說明父母面對這些天天上演的爭執，應該採取的立場和回應的方式，希望能幫助父母更有效的處理孩子之間的紛爭。然後，我們會進入比較嚴肅但非常重要的主題：「道德」和「自律」的培養，父母有一天終會領悟到，培

從「我」到「我們」，人際力影響一生的學習

孩子什麼時候開始知道有「自己」，至今仍是懸而未決的謎。儘管發展心理學家努力探究，但對於嬰兒究竟是天生就有自我感覺，還是一團混沌，仍有很多爭議。目前比較能確定的是，大約在二至三個月之間，嬰兒好像已經知道自己和環境是不同的；而大概要到十八至二十四個月之間，嬰兒才知道鏡子中的人就是「我」，一般認為，這是「自我認識」的重要里程碑。

先知道「我」是誰

三歲左右，幼兒開始對「當前的自我」有所認識，知道自己的名字、外表和擁有物等，到了大約四至五歲左右，孩子發展出「延展自我」，知道自己過去發生過的事和現在的我是同一個我，並透過父母和重要他人的描述和評價，更知道自己是怎麼樣的一個人。

兒童和青少年時期，孩子對自己的認識從身體、行為和其他外在特質，逐漸演變為內在的持久特質，包括自己聰不聰明、個性和興趣如何等心理特質的了解，透過自己的眼光、重要他人的評價和同儕的比較，孩子愈來愈認識自己。

再了解「別人」是誰

孩子們開始產生人我之間的覺察之後，他們會很快發現，要適應環境就必須和他人互動，與手足、同儕互動，是幫助孩子了解他人的想法和行動的重要契機。

在家庭中，孩子學會從父母對自己和對手足的評價及對待中，了解自己和手足的相同與不同。之後，當孩子進入學校，與同儕的互動成為了解他人更重要的關鍵，在與同儕互動的過程中，孩子學習區辨他人的能力和特質，也學會協商與合作。一項有趣的研究發現，幼兒園的孩子就已經很「現實」，如果要求孩子進行學業方面的競賽，他們會選擇與聰明的孩子一組，但如果要求孩子選擇遊戲玩伴，他們則會選擇社交技巧較佳的同儕。同儕的互動和遊戲也促成角色取替能力和社會技巧的成熟，例如要玩扮家家酒，孩子必須透過討論決定誰是爸爸、誰是媽媽，家裡又要有幾個小孩……在遊戲中孩子必須協商和進行必要的妥協，以使遊戲順利進行。

另外，有研究發現，「同儕的衝突」對兒童比一般的互動更有幫助。友伴之間的爭執正是孩子了解他人的絕佳時機，由於孩子對於自己的朋友更開放和誠實，也更有動機解決與朋友的衝突，因此，在孩子與同儕衝突、討論和協調的過程中，父母和老師不必急著介入，孩子在爭執的過程中，其實也正是表達自己的觀點和評價他人的觀點的時候，衝突過後的沉澱和反思，會讓孩子了解更多社會和人際之間的互動。

與手足、同儕互動

光是認識自己與他人，並不表示自己和他人就可以有良好的相處。在家庭中，手足間的相處是人際學習重要的第一步，不同於父母努力配合孩子的需求，手足間對父母的愛和家庭資源的競爭常導致衝突，如果父母一方面能盡可能的持平對待孩子，讓孩子知道家庭是一體的，另一方面努力和每個孩子都建立良好的個別關係，則手足間比較能從競爭的關係轉化成分享和互助的關係。

對孩子來說，手足的關係雖不可選擇，卻也不會輕易失去，但友伴關係是要經營和學習才能擁有的，兒童人際關係的研究發現，孩子在成長的過程中是不是能交到好朋友，深切的影響了孩子的發展。好朋友可以提供支持、陪伴和激勵，不僅幫助孩子更認識自己，更讓孩子習得重要的人際能力，甚至影響內在心理模式，使孩子在長大後更了解戀愛、婚姻及各種社會關係的實際面與心理運作。因此，要幫助孩子建立人際能力，學習「交朋友」可說是最重要的實戰演練。

根據研究，兩歲左右的幼兒就已經會選擇互相喜歡的玩伴來互動，在三至七歲之間，孩子進入「遊戲的朋友」階段，誰和孩子一起玩，誰就是好朋友；到了八至十一歲，友誼的內涵改變了，對孩子來說，朋友的定義不再只是在一起玩；這時的孩子開始進入「忠誠的朋友」階段，願意分享、關心彼此的需要、提供陪伴和支持，成為這時期好朋友的條件；到了青少年以後，分享想法和感受成為新的要求，這時就進入「親密的朋友」階段，這時的好朋友是指彼此相信、能夠自我揭露、分享祕密的人。一旦進入這個階段，孩子就開始體會到手帕交或哥兒們的深切友誼，好的友誼將伴隨孩子走過漫長的青春路，而這樣的關係是手足、父母或老師都不能取代的。

研究也發現，對孩子而言，「沒有朋友」是一件頗嚴重的事，與有好朋友的同儕比較起來，在學校交不到朋友的孩子不僅學習意願較低落，學業成績較差，較常有受到同學排斥和拒絕的經驗，也和少年犯罪、暴力行為以及憂鬱等問題有密切的關聯，而一些重大的校園案件的加害者常常是社交孤立的受害者。

學會三個人際技巧

在學習建立人際關係的過程中，孩子如果遇到困難，可以從環境的提供、同理心及社會認知的教導，以及互動技巧的學習等三個主要的方面來幫助他們。

1. 創造能培養關係的環境

對孩子來說，人際關係成立的重要外在條件是「機會」和「相似度」。以交朋友為例，要成為朋友，孩子必須有時間和其他的孩子一起玩或做活動。孩子在學校雖然看似和同學在一起，但學校的活動常是孤立的，不管上課也好、考試也罷，孩子們常只是「在一起各做各的事」，沒有真正的互動，學校以外的時間，孩子的時間又常被排滿各種才藝或學習，這些活動通常也是孤立而沒有真正人際互動的，長期下來，孩子根本沒有機會練習與人相處，更遑論辨識彼此的相似度。

因此，提供孩子一點放空和留白的時間，讓孩子和別的孩子一同遊戲，或在各種學習活動中，把同儕互動就安排進課程的要求中，是讓孩子有機會建立人際關係的第一步。

2. 培養同理和正面解讀能力

要在人際關係中成功，一個可能的方法是讓孩子變成更好的人。研究發現，較具有同理心和展現較多利他行為的孩子，因為對他人需要較為敏銳，也比較願意分享或幫助別人，因此人際關係也比較好。但同理心和利他行為的教導並不容易，父母必須從孩子小的時候就溫暖敏銳的對待他們，提供好的身教，並經常透過實際的例子和孩子分享討論，才能培養出有內在好品格的孩子。

另一個有效的方法，則是教導孩子正面解讀人際訊息。給一個情境題：

「如果你走進教室，兩個同學一看到你，就停下原本的動作，其中一個同學靠近另一個同學的耳邊悄悄說了什麼。你覺得他們在說什麼呢？你又會如何反應呢？」

這是一個典型的社會認知模式的測試題，研究發現，人際關係好的孩子通常會做正面解讀，他們可能會想「這兩個人可能在說祕密」或「教室太吵了，他們必須靠近才聽得到」，但人際關係不好的孩子做出的則通常是負面解讀，他們想的通常是「他們一定是在說我的壞話」。

因此，父母可以用實例討論或用角色扮演的方式，教導孩子正面解讀人際訊息。如果孩子能在人際互動中，習慣性的善意解讀別人的訊息，孩子就會更願意主動親近同學以建立友誼。即使真的有負面的事件發生，他們也能練習以「適度的遲鈍」或「對方不是故意的」來回應，這種正面的態度可以大大降低人際相處的壓力和難度，在人際關係中也比較不會覺得受傷。

3. 學習融入人群的互動技巧

在同儕中受歡迎的孩子有些特質及特別的人際模式，例如他們比較友善、願意妥協、喜歡和人相處，以及對他人的需求較為敏銳。在一項著名的系列研究中，研究者邀請受測的孩子加入一項扮演遊戲，並提供不符合受測孩子願望的建議，例如研究者問孩子：「你當寶寶，我當媽媽，好不好？」結果發現，受同學歡迎的孩子在此時比較願意接受建議加入遊戲，在加入遊戲一段時間後，才提出意見要求換角色，但不受同學歡迎的孩子因為角色安排不如他的意，要不就是拒絕加入遊戲，或是一開始就要求調整成自己想要的角色，結果反而沒辦法順利融入團體。

在另一個重要的研究中，研究者發現受歡迎的孩子在加入團體時會以比較「不著痕跡」的方式加入，他們不會在別的孩子活動進行中很突兀的打斷，或學巧虎說：「我可以跟你們玩嗎？」然後就直接要求進入團體，他們的方式常是先在一旁等待並觀看活動或遊戲的進行，接著和當中的成員簡單的交談，最後就自然而然的逐漸進入了團體中。

父母可以用這樣的概念讓孩子練習融入團體：先等待與觀察、繼而以簡單且友善的方法加入。並提醒孩子，一開始不要太堅持己見，先進入團體一段時間後，再展開協商。此外，如果孩子的狀況不好，實際的演練就很重要。孩子每天在學校遇到的事件，父母都可以和孩子討論，重新進行角色扮演的練習，必要時，父母可以在孩子進行團體活動時觀察孩子的舉動，並在活動後和孩子討論他的表現。

從認識自己、了解他人，到建立起人際關係，都是社會化的重要學習，有些孩子似乎天生就是人際高手，但有的孩子需要一再的學習才能建立起好的人際關係，但願父母的用心教導和陪伴，能讓每個孩子都順利走過這段從「我」到「我們」之路！

沒完沒了的吵架和告狀

老大是家中的第一個孩子，集眾人寵愛於一身，一旦弟弟妹妹出生，更小、更可愛、更需要照顧，因此，不管父母再怎麼做足功課，包括在寶寶出生時送禮物給老大，恭喜他當哥哥姊姊了，或是讓老大協助照顧弟弟妹妹，幫忙拿尿布、餵奶，盡可能讓他對弟弟妹妹的到來有正面的觀感，但實際上，老大還是會清楚感受到他所得到的注意和關心受到了影響。

這樣的感受是很真實的，因此，要求孩子不產生嫉妒或難過的心情，是不切實際也不合理的期待，父母更不要覺得老大的心胸不寬大或不乖，反而要站在諒解孩子的立場，儘量多給予關愛和支持。當媽媽必須帶寶寶時，爸爸可以陪大孩子玩，或是爸爸幫忙帶寶寶，讓媽媽每天至少都有一段時間可以和大孩子單獨相處，這樣可以把衝擊降低許多。

等到小的孩子大一點，孩子可以一起玩了，通常手足之間的紛爭難以避免，這時候，父母的處理方式就很關鍵。

先觀察後介入

首先，絕對不要有「爸爸比較疼誰……媽媽比較疼誰……」的情況出現，在一個家庭裡，一定要讓孩子清楚知道，爸爸媽媽才是同一國！爸爸最愛的是媽媽，媽媽最愛的是爸爸，輪不到你們單獨爭寵，你們相親相愛一起玩也好，吵鬧打架互不相讓也好，反正爸爸媽媽對你們就是一視同仁。這樣做，父母的立場才能在一開始就站穩了，可以避免孩子在情感上產生父母偏心或得不到足夠關愛的憤恨感，也讓父母可以單純的針對手足間的紛爭事件進行處理，不用小心翼翼的擔心孩子的情感受到傷害。

其次，對於孩子之間的爭執，如果是會造成受傷或危險的狀況，一定要立刻制止；如果是吵架或告狀，父母就要看情況處理。當孩子吵架時，父母不一定要立刻介入，可以先觀察一下孩子後續的反應，有時孩子吵一吵就又一起玩，此時父母就不用介入；如果吵得不可開交，可以叫過來問，讓雙方都說說發生了什麼事，很重要的是，父母在聽孩子講的時候，不要急著責罵或給建議，也不要把孩子教訓一頓，甚至把孩子打一頓，或是要孩子互說「對不起」就了事結束，這樣其實完全沒有處理到事情。

父母介入孩子紛爭的目的應該是「幫助孩子學習如何解決衝突」，而不是「幫他們解決衝突」！所以，聽孩子說事件的經過時，父母只需要簡單幫他整理一下事件的脈絡，然後支持孩子的情緒就夠了，例如「剛剛弟弟搶了你的玩具，你很生氣哦！」「哥哥都不給你玩，你很難過是不是？」然後，接下來要做的事是「把問題還給孩子」，問問孩子：「那你覺得要怎麼辦呢？」讓孩子去想解決之道，如果孩子想出辦法，例如「那哥哥玩五分鐘後要換我」，或「今天我玩，明天再換弟弟」，只要孩子說得出來，就問另一個孩子：「你覺得好不好？」並鼓勵他們做做看。如果孩子僵在那邊不肯相讓，則父母只要說：「啊！那就沒辦法了，好可惜，你們就不能玩了。」然後把玩具收起來。

父母不用擔心，孩子如果想玩，過一陣子，他們就又會玩在一起了，而且，他們會發現，有爭執的時候最好自己想辦法協商解決，否則下場就是自己也沒得玩。

處理孩子的告狀也是一樣，孩子告狀無非是希望對方受到懲罰，除非是一人把另一人打傷這種嚴重的狀況，父母必須立刻處理以外，一般性的告狀，例如「媽媽，弟弟洗手沒有擦」或「爸爸，姊姊沒有把杯子放回去」之類雞婆型告狀，父母大可以冷處理，只要說「我知道了」就好了；如果是孩子之間的小衝突，例如「妹妹拿我東西」或「哥哥說我很醜」之類的，則跟孩子說「請你自己跟他說，把東西還給你」或是「你自己跟哥哥說，他這樣說你很難過」，如果孩子自己去講了，讚美他，如果孩子自己不去講，就不再理會。

手足相處是學好人際溝通的基礎

手足之間的相處是孩子學習人際協商最好的機會，父母要懂得忍耐和放手。現在很多孩子上了小學還動不動就跟老師告狀，動不動就和同學處不來，明顯缺乏人際技能，如果希望孩子以後有很好的能力與同學相處，能夠解決人際衝突，也不會被欺負，父母就要在孩子小的時候提供他學習的機會，因此父母在手足互動中的引導非常重要。

最後，當然我們還是希望手足好好相處，所以父母必要時也可以製造機會讓孩子互相表白心意，例如讓孩子玩比賽說對方的優點的遊戲，說最多的獲勝；或是經常交付孩子可以一起共同完成的家事小任務，讓孩子有合作的機會，並在完成後告訴孩子因為他們很棒都沒有吵架，爸媽有獎賞。日常生活中更別忘了經常鼓勵並讚美孩子展現出的友善行為，並為孩子貼上人格標籤，例如在有客人來時，在孩子聽得到的情況下，跟客人說：「我們家這個兒子很棒，很懂事很會照顧妹妹，我真的很高興！」之類的，儘量讓孩子有機會聽到自己是多麼友善，爸媽是多麼以他為榮。

只要父母站在同一陣線，家庭氣氛是好的，小時候打打鬧鬧的孩子，終究會隨著長大感情愈來愈好，爸爸媽媽不用太擔心的！

幼兒人際衝突，關鍵處理兩步驟

現在許多小孩和手足、和同學發生衝突，第一個反應就是跟父母或老師告狀，不知道怎麼自己解決衝突。甚至到了小學中、高年級、國中，即使是很簡單的問題，也不知道怎麼處理，人際關係出一大堆問題，這些孩子多是因為從小沒有人教他如何好好處理人際的衝突，也沒有機會學習協商。這篇文章就要來談如何培養孩子解決衝突的能力。

舉個常見的衝突情境：有個A小孩花了很多很多時間用積木很仔細的蓋了一棟一〇一大樓，突然間，被冒失衝過去的B小孩全部撞倒，A因為辛苦做好的作品毀了，一氣之下拿起積木丟向B。爸爸媽媽或老師遇到這種情境，通常是趕快安撫A不要生氣，並制止他繼續動手：「你不要生氣，你不可以用打的喔，請你用說的。」但是，在這種情況下，孩子如何立刻就不生氣，大人又有沒有教過他怎麼說？說什麼呢？

第一步：引導孩子情緒表述

在處理人際衝突當中，很重要的第一個步驟是引導孩子「情緒表述」，讓孩子把內在情緒透過語言表達出來。也就是說，我們要教孩子在遇到真實情境的時候，能夠透過語言策略取代肢體策略（不是去打人、推人，而是說出來發生什麼事，有什麼感覺），學習如何在怒氣中仍能合宜的表達。但情緒表達無法突然學會，必須靠家長平常的示範和引導而學習。

比如弟弟被哥哥碰到而生氣，可以跟他說：「哥哥剛剛弄了你一下，你很生氣對不對？」孩子就會知道剛剛發生的事情叫作「哥哥弄了我」，我現在的感受叫作「生氣」。比如玩具玩壞了，可以跟他說：「你的玩具壞掉了，你很難過是不是？」他就會知道發生的事情叫作「玩具壞掉」，我現在的感受叫作「難過」。所以在孩子剛開始學習情緒表述時，父母可以直接幫他「描述情境、表達感受」，一次、兩次、三次後，以後他就知道在什麼樣的情境下，要怎麼表達感受，然後下次他就有可能自己有能力說出來發生了什麼事，他有什麼感受。

第二步：透過協商找出解決策略

表達完衝突當下的情緒感受後，事情還沒解決，他還是很生氣啊，接著要如何解決問題呢？同樣以撞倒積木的例子來看，多數老師或父母碰到這種情況，最常見的處理方式是把兩個小孩叫來，叫兩人輪流說說剛才發生什麼事，聽完雙方表述後，通常大人會說：「好啦，兩個人握握手，還是好朋友。」或者父母常說：「弟弟不是故意的、弟弟還小不懂事、哥哥就讓弟弟啦！」「那弟弟你就幫哥哥把積木堆回去嘛！」這些提議在大人眼裡看起來很「合理」，但對衝突中的孩子而言，卻是「餿主意」，還可能火上加油。

這些看起來合理的解方哪裡不對呢？老師或父母是否想過，對於積木被撞倒的孩子來說，他辛苦的心血泡湯後，大人卻跟他說「沒關係」，他的情緒完全沒有得到平復；而對撞倒積木的人來說，他只是不小心衝過去，怎麼知道該如何疊回原來的樣子。

所以，衝突過後如何解決，不應該由父母或師長幫孩子決定，而應該交給孩子自己協商。比如弟弟把哥哥的積木弄倒了，先引導哥哥表述情緒：「他弄倒了我的積木，我很生氣。」接下來你就可以問他：「那要怎樣你才不再生氣呢？」你仔細讓孩子去想他要什麼，父母會發現孩子給出來的答案常常出人意料之外，他要的很可能不是要弟弟幫他把積木堆回去，因為弟弟幫他堆回積木對他可能完全沒有意義也沒有補償效果，他可能要求的是弟弟給他三張怪獸王卡。你看！這個交換條件絕對不是爸爸媽媽想得到的答案，但是對當事人來說，如果可以得到三張怪獸卡，他所有的損失和傷痛是可以平復的。

協商的過程中，雙方或許不會一開始就同意對方的條件，比如哥哥要求弟弟給他三張怪獸王卡當補償，弟弟也很可能回說不行，只能給一張……無論如何，大人都不要立刻仲裁或立刻出意見，只要提示弟弟「可能你把哥哥辛苦蓋了三個小時的積木弄倒了欸」，或是在哥哥獅子大開口要求不合理的補償時，提示他「弟弟沒辦法給你這個啦，你這樣要求結果就是你什麼都不會有喔」。換句話說，父母可以穿針引線盡可能讓孩子們自己去折衝、自己去協商出可行且彼此能接受的結果，這個能力若能在孩子小的時候就幫助他學會，對他將來是很重要的人際能力。

如果孩子年紀比較小，實在想不出解決方案，或雙方僵持不下時，這時家長可以提建議或給一些可供選擇的具體選項：「如果這樣好不好？如果那樣好不好？」但是，協商及最後決定的動作仍然要盡可能留給孩子們自己去完成。

孩子成長的過程，一定經常發生與手足爭執、跟同儕爭執的情形，不要因為每次的爭執去教訓孩子，而是把它當成教導孩子學習如何表達感受、學習如何與人協商的機會。漸漸的，孩子會知道，面對不同的人際衝突情況，自己可以提出怎麼樣的條件、何種協商結果對雙方最有利。

透過真實生活中一次次的操練，孩子在幼年就學到這些重要的能力，等他上了小學、國中、高中之後，人際衝突都可以很順利的解決，而不是等到長大碰到問題才重新來學習。

如何教養出道德成熟的孩子？

大家都同意道德很重要，但真要談道德，卻又覺得是個令人反感的無聊主題。讓我們一起來看看該怎麼「教道德」。

道德教育這個古老的教育問題最近突然又大大熱門了起來，教育當局和民間有識之士全都跑出來大談道德教育的重要，並得到父母、老師們的廣大呼應！原本我們這一輩的人在受教育的時候，還會學一些「生活與倫理」、「公民與道德」之類的科目，但台灣自從九年國民教育把道德教育融入各科之後，融一融道德就不見了，結果從此「缺德」的教育帶來非常嚴重的後果，愈來愈多人意識到，現在的孩子變得愈來愈自我中心，不尊重人也不懂得自重自愛。當品德出了問題，孩子的知識和成績都沒有了意義！

困難的是，如何教養出有道德的孩子？

一般而言，道德包含「他律」和「自律」的成分，孩子是否能由「他律」轉向「自律」，是道德教育成敗的關鍵。例如，孩子在父母或老師的規定或要求下，表現出令人滿意的行為，這種因應外在規範而生的道德就是「他律」的道德；但是，當孩子有了他律的道德，並不值得太高興，這通常只表示在有他人在場並伴隨獎懲的情況下，孩子會有合乎期待的表現，一旦父母老師不在場或獎懲消失，道德行為可能也跟著消失。「自律」的道德則完全不同，當父母、老師不在場，或是在做了好行為沒有獎賞、做了壞事也不見得會被發現的情況下，孩子還能做出正確的判斷，表現出合宜的道德行為，這時，我們才能說孩子的道德發展的確成熟了。

那麼，如何幫助孩子的道德能由「他律」轉向「自律」發展呢？

方法1：行為獎懲

當孩子尚年幼的時候，對於社會規範還沒有清楚的認識，這時要求孩子的行為合乎道德，「賞善罰惡」是最容易做，也最能立即見效的。爸爸媽媽可以用清楚的話語，明確的告訴孩子什麼該做，什麼不可以做，當孩子做到了該做的事就給予獎勵，做了不該做的事就給他懲罰。

透過行為獎懲來要求孩子，雖然很容易就看到表面的效果，但這種方式不能保證當孩子獨自面對誘惑時，孩子仍可以守住道德的原則。因此，當孩子開始能聽懂道理時，父母在進行道德教導時，就不能只是倚賴外在行為的控制，還要加上認知說理，這是幫助孩子邁向獨立道德判斷的重要開端。

方法2：認知說理

跟孩子「講道理」是現代父母最愛用的招數，但爸爸媽媽很快就會發現，在努力的說完大道理後，孩子行為改變的程度非常有限。為什麼會這樣呢？

研究發現，孩子的行為要透過認知歷程改變，不是父母光靠一張嘴說說就可以做到的。「講道理」要有效果，至少要有兩個條件的配合：

1. 孩子是不是有認知涉入

爸爸媽媽在講道理時首先要留意，自己所說的大道理是不是孩子的年齡和程度所能懂的？尤其是道德方面的教導，通常需要一定的人生經驗才能體會，因此父母要用淺白的話語加上孩子生活經驗中的例子，孩子才知道你在說些什麼。其次，不要等到事情發生了，才伴隨著怒氣邊罵邊講道理，這樣效果就很差，父母平時就可以利用各種生活中的例子跟孩子討論，例如：孩子發現學校有小朋友會欺負別人或偷拿東西，父母就可以藉機和孩子做價值澄清：先呈現事件，讓孩子表達看法，再透過引導式的問題幫助孩子思考問題。父母愈不急著告訴孩子結論，儘量讓孩子透過討論來思考，孩子的認知涉入就愈深。這種方式說出來的道理，才能真正進入孩子的心中。

2. 認知與行為教導並進

很多父母以為，不打不罵，講完道理，自己的教導就完成了。事實上，孩子在「懂了道理」之後，父母還要讓孩子知道「怎麼做」，認知教導才算完成。以欺負人為例，父母告訴孩子打人是不對的，別人會痛會難過，還要讓孩子學習，如果與人有衝突，應該怎麼做，或是有人想傷害自己時，應該要怎麼回應。這種教導就像「實戰模擬演練」，只有孩子腦袋中有能力做道德判斷，再加上實際行為的演練，才能幫助孩子在真正面對情境時知所應對。

方法3：道德情感

或許父母們要質疑，訂立行為規範、教導各種道理，這不就是長久以來父母和學校教育一直在做的嗎？但為什麼孩子的道德教育還是陷入困境呢？

愈來愈多的研究指出，道德教育最大的問題就是：忽略了道德情感的體驗！要使認知及行為的教導真正「由外而內」，內化成孩子的一部分，情感的體驗是不可或缺的。例如：孩子因爭奪玩具打傷了弟弟，爸爸媽媽除了給予懲罰，告訴他傷害別人是不對的以外，更應該讓孩子去親眼看看弟弟的傷口，見證弟弟的痛苦，並對這個手足傷害的事件表達父母心中深切的哀傷。唯有激發出孩子對弟弟痛苦的同理情感，並體驗到傷害別人的罪疚感，這種道德情感的深刻激盪才能讓孩子再面對類似的情況時，能夠自我克制，不再做出傷害人的行為。少了道德情感激發的層面，只是懲罰加上說理，有時甚至會造成反效果，使孩子看不見自己行為的過錯，反而怪罪是弟弟害他被爸爸媽媽罵。

若父母能透過行為的要求，再加上認知說理與情感體驗幫助孩子提升道德判斷的層次，則孩子就能漸漸的由他律轉向自律，成為一個道德成熟的孩子。

方法4：愛與榜樣

前述的方法著重在「怎麼教」，但爸爸媽媽要體認到，對孩子而言更重要的是「誰在教」。曾有一個很發人深省的實驗，兩名研究者進入一個班級中，一名研究者表現得仁慈又有愛心，另一名研究者則表現得刻薄惡劣，這兩名研究者與學童相處兩個星期後，一位經過安排的募捐者進入班級，要求學童捐助金錢或文具幫助可憐的孤兒，當學童捐完東西後，一半的學童得到仁慈研究者的讚賞，另一半學童得到刻薄研究者的讚賞；一星期後，募捐者再度被安排進入班級募捐。實驗結果是：得到仁慈研究者讚賞的學童捐助行為增加，而得到刻薄研究者讚賞的學童捐助行為大幅減少！

這個實驗提醒我們，孩子正在評價父母是什麼樣的人！如果父母自己在道德上沒有好榜樣，再多的教導只是更加令人反感。因此如果父母用盡了方法，卻發現孩子還是不買帳，或許爸爸媽媽要反躬自省，是不是自己平常的言行在孩子眼中沒有說服力！

「教育之道無他，唯愛與榜樣而已」。好的品德比什麼都重要，道德教育是一條漫長卻又非走不可的道路，父母要善用認知、情感、行為的方式教導孩子，再加上以身作則的榜樣，才能教出道德成熟的孩子。

自律不是一蹴可幾

什麼是「自律」？廣義來說，不管是言行舉止、思想、情感，你能夠有所了解，而且透過一個合宜的方式去要求自己，然後表現出來，這都可以是自律的範圍。因為自律牽涉到自我覺察和自我要求，所以基本上它是個很高層次、涉及非常多面向的事情。常聽到父母們說：「成績分數還是其次，我最重視孩子要自律，要有責任感。」當父母這樣說的時候，其實心中隱含著一個假設：孩子要「自然而然」的展現出「父母認為」應該要做到的事情才叫做自律。

但這個假設本身就是有問題的。第一，孩子的自我掌控與自省能力，牽涉到大腦額葉的成熟。雖然四歲之後額葉快速發展，可是得一直到二十歲左右，整個髓鞘化才完成。在這之前，孩子這方面的能力會有很多疏漏。很多父母期望孩子做的事情，並不是孩子隨著發展就會自然展現的本能行為，除非父母刻意要求並在過程中給予合宜教導，否則「自動自發」這件事是不可能出現的。

第二個問題在於，父母會有一些自己未察覺的、或沒有說出口的期望跟標準，可是孩子並不知道。比如媽媽愛好整潔，她理所當然的認為孩子最重要的就是把東西整理好。孩子可能以為把布偶放床上，睡覺時可抱著就算整理好，但媽媽覺得要放在櫃子上，並依照高矮順序排列才叫整理。問題是，孩子並不清楚媽媽心中預設的標準，當中的落差就引發了問題或衝突，但這並不是孩子不自律或不願負責任所致。

第一步：釐清問題

父母第一個會問：「我該怎麼做？」其實，先了解「為什麼」才是更重要的。當孩子沒有做出符合成人期待的行為時，父母可以從孩子年齡、各方面的發展去釐清原因。例如，孩子在客人來時大吼大叫，相當「沒禮貌」。很多媽媽就會等客人走了，把他告誡一頓，下次卻又舊事重演。這時父母要做的其實是先分辨孩子「人來瘋」的原因。

或許他本來就是個過動或情緒障礙的孩子，客人來時造成了一個壓力情境，導致他情緒失控，這時就要去矯正或治療，而不是打一頓或講道理可以解決的。也或許孩子是獨生子，今天客人來的時候帶了幾個小朋友，他就非常激動，此時父母就要察覺，孩子需要的是足夠的玩伴經驗。若孩子只是純粹興奮，那麼下次客人來之前就先讓他知道，並清楚告訴他父母的期待，讓他有所依從。

第二步：說明標準，帶著做

孩子本身狀況的調整以外，父母平時面對孩子行為的處理和回應，相當程度的影響孩子今天的行為。舉例來說，當孩子把他的玩具放床上，如果媽媽的反應是：「你都沒有收拾玩具！你都不負責任！」這樣孩子只會意識到：「媽媽不喜歡我在床上放東西。」或「我一定要把玩具放在媽媽喜歡的位置，否則媽媽會發怒。」這時孩子只體會到「媽媽很凶」，然後對自己的行為有一點羞恥感。

如果媽媽第一個反應是：「你為什麼把玩具放床上？」「因為我很喜歡，我想跟它們睡覺。」「對啊，很好，可是你要躺在床上睡覺才會舒服，它們也要回到它們自己的床上睡覺才會舒服。娃娃的床在哪裡？機器人的床在哪裡？車車的床在哪裡？」然後帶孩子一一去放。如果媽媽是這樣引導，下次孩子睡覺前就會收，此時媽媽期待的負責任或自律就會出現。

父母將規則說清楚後，如果面對的是年紀比較小的孩子，還要帶著他一遍又一遍的做，然後看他做，一直到確定放手後他也可以做到。

臨門一腳：在人格上貼標籤

但這樣的教導還不算完成喔，接下來還要再撐一段時間，讓好行為固化。這段時間裡，當孩子主動去做時，要給予獎勵，口頭或實際的都可以。獎勵一開始要非常即時，當這個行為成為習慣後，為了讓它有延續的效果，還需要給予不定期的獎勵。

然後很重要的，父母要把這個行為轉為孩子的自我概念，這樣教導的工作才完成。例如，引導了一陣子之後，孩子已經可以自動收拾房間了，父母要在孩子面前，讓孩子知道你覺得他很棒，或是在客人、阿公阿嬤來時，說：「這個孩子很棒哦，房間都自己收，你們去看，我們家的模範房間就是他的房間。我覺得這個孩子有很好的品行，很愛整潔，很負責任。」一開始只是一個行為的建立，但這個時候父母已經在孩子的人格上貼標籤：「他是個愛整潔、負責任、會把自己事情做好的人」。對於孩子來說，一開始他只是在建立行為，慢慢的，他的自我概念就變成：「我是一個愛整潔、負責任、會把東西整理好的人。因為我是這樣的人，所以我要自動表現出這樣子的行為。」雖然這是父母努力教導的結果，但是要把功勞歸給孩子，這個好行為才會根深柢固成為孩子的一部分。

或許父母該做的都做了，期望的行為卻沒有立刻出來，非常挫折。但這個期盼真的沒有進入孩子的心裡嗎？其實可能有，只是他年齡不到，或領悟不到，或他反芻消化到能夠展現行為需要一些時間。或許過了一段時間，或是到了一個節點，父母會發現，孩子突然就變成了父母期待的樣子。也許那個時間點不在你期待的時間裡，但我覺得被用心愛過、管教過的孩子，不會糟到哪裡去。當父母的不要失去盼望。

瞎掰？說謊？真真假假分不清

關於孩子的「說謊」，父母在回應的時候要做一點分辨。通常孩子說謊的情況是基於下列幾種狀況：

1. 無法分辨想像與真實

年幼的孩子會覺得很多東西都是有生命的，也會把玩偶想像成自己的友伴，愛著、抱著、跟玩偶說話，這些現象都是很自然的，也是孩子的童心和創意的來源，因此，孩子可以接受「太陽公公起床了」、「巧虎是我的好朋友，我們一起玩」、「如果弄壞玩具，玩具會痛痛」這樣的想法。因為有這樣的狀況，孩子有時會把自己的想像當成真的，並告訴爸爸媽媽，這種情況只是反映孩子的幻想，爸爸媽媽不宜以說謊看待，只要回應「喔……這樣啊……」淡化處理即可，不用刻意抹殺孩子的想像，但也沒有必要當成什麼不得了的創意去強化它。

2. 誇大炫耀或博取讚賞

有時孩子會為了獲得讚美或引人羨慕，說一些並未發生的事來博取注意。例如，跟父母說老師稱讚了他，或是他有什麼好表現，但求證後發現其實是發生在別的同學身上的事；或是跟別人說「我有很多個變形金剛玩具」或「我昨天去迪士尼樂園玩」之類的，但事實上並沒有這回事。在這種狀況下，孩子說的就真的是謊言了，這些內容其實反映了孩子內心的渴望，但不宜讓孩子用這種方式自我滿足。

遇到這種狀況，父母可以用溫和的口吻直接點破，例如「老師說昨天圖畫得很好的是……你也很想要畫好對不對，那你要不要試試看……」讓孩子知道你已經知道他說的不是事實，但也提供他如果想達成可以怎麼做的建議；或是「我們家並沒有很多個變形金剛，沒有這樣的事，你不應該跟同學這樣說。你如果想要玩具，可以跟媽媽說，我們來想想……」

爸爸媽媽要讓孩子清楚明白，隨便亂說是不可以的，但也讓孩子知道，他的渴望父母是在乎的，他可以透過合宜的管道來表達。

3. 逃避懲罰

這是孩子說謊最常見的理由，他做錯事，怕被父母責罵或處罰，只好說謊保護自己。

這是典型的說謊，但也反映出平常父母在回應孩子不當行為時，採取的是責罰而非教導的策略。發生這種狀況，建議父母要調整方式，孩子的教養不是一下子就結束，孩子會長大，小時候靠說謊保護自己，有了成功的經驗後，長大愈說愈順，這絕不是我們樂見的。

在孩子做錯事的時候，父母應該表達「難過」而不是「憤怒」，在我自己的研究中已發現，父母在教導孩子時，「情緒表達」比「說話的內容」更有影響力，在孩子做錯事時表達難過的父母，可以有效引導孩子留意父母教導的內容，但在孩子做錯事時父母如果展現高度的怒氣，則孩子會把焦點放在自己的恐懼上，對於父母說了什麼回憶量很低。

所以，要杜絕孩子為了保護自己而引發的說謊，父母要提醒自己，始終以溫暖和無威脅的態度對待孩子，他做錯事，父母要教導他，讓他知道如何改變，並為自己做的事負起責任，而不是去處罰他了事，單純的處罰沒有教導效果，孩子既沒有學到新的行為，也沒有為自己的錯誤行為付出合理的代價。

4. 惡意

很少數的狀況下，孩子會因為惡意而說謊。例如，很討厭弟弟，他就說弟弟的壞話，或是他在學校不乖被老師糾正，他回家就說老師的不是，這種情況父母就要小心回應，因為孩子在心中已有傷害和怒氣才會這樣做，孩子顯然困在當中自己無法解套。這個時候父母要正視孩子的困難，用心去幫助他，不要糾結在孩子說謊這個點上，而要仔細去了解狀況，從根源解決問題。

例如好好處理手足間的紛爭（可以參考〈沒完沒了的吵架和告狀〉），或是跟學校老師溝通，協助孩子適應學校生活。問題的根源解決了，才能幫助孩子從傷害和怒氣中解脫出來，重新恢復純真和善良，這樣才是真正幫助孩子。

說了「對不起」之後……

最近我的學生到學校去當實習老師，回來很感慨的分享，覺得現在的孩子很難教。她分享的一個例子是，有個學生做錯事時，很快說了「對不起」，但當她要求那位學生收拾善後時，那位學生居然很不高興的回說：「我都已經說對不起了，你還要我怎樣？」讓她非常錯愕。

這讓我想起了半年前的一個經驗，那天約莫是假日，我和家人到餐廳吃火鍋，隔壁桌的孩子吵鬧不休，不一會兒，兩個孩子還下桌互相推打，推著推著可能一時失手，把我們這桌的火鍋菜盤給推到地上去了，還好是塑膠盤子，沒摔破，但菜掉了一地。孩子的父母看到了，立刻大聲訓斥孩子，要求孩子道歉，兩個孩子說了「對不起」，然後他們就回座位去了。我開始跟兒子一起蹲下來撿菜，邊撿邊抬頭看到那兩個孩子正在看我們，我問他們：「你們要不要來幫忙？」兩個孩子愣了一下，較大的孩子回答「可是，我們已經說過對不起了」，較小的孩子則轉過頭去看媽媽，他媽媽看了我們一眼，說：「真的很不好意思哦！」然後叫兩個孩子坐好，開始嚴正的對孩子講道理，包括不應該亂跑、要尊重別人、不應該影響到別人、做錯事要說對不起……

對自己的行為負責

就這樣，一直到我和兒子把地上的菜葉撿好，並有服務生過來清理為止，隔壁桌就一邊看著我們收拾，一邊訓斥孩子，但沒有一個人過來幫忙。

我在想，我的實習學生遇到的那位「我已經說對不起了，否則你還要怎樣」的孩子，當他更小的時候，接受的教養方式大概就是這種「說對不起加說理」的管教方式，而這種管教方式顯然是有問題的。

近幾年，隨著少子化和父母教育程度升高，我觀察到一個現象，父母們愈來愈不用打罵的方式教孩子，而傾向於用「講道理」的方式處理孩子的犯錯行為。標準的模式是，當孩子做錯事要求孩子要說「對不起」，然後很仔細的告訴孩子他錯在哪裡，為什麼這樣做不對，當孩子道了歉，也表示理解及同意父母的說理時，這個管教就結束了。但是，整個過程中，少了一個非常重要的要素：「對自己的行為負責任」！

年幼的孩子因為經驗不足，原本就很容易犯錯，重要的是，當他做錯事的時候父母如何回應他，將影響下一次他犯錯時的反應。如果父母在孩子做錯事時用打罵的方式回應，則孩子整個感受的焦點將是自己的恐懼，而很難去對事件本身進行反省；但是，如果孩子做錯事時父母就是要求他道歉並不斷的講道理，孩子學到的是，做錯事我只要說「對不起」加上再被叨唸一番，其實就沒我的事了。這兩種管教方式誰也不比誰高明，因為同樣都沒有達到管教的目的。

孩子做錯事，父母管教重點應該是讓孩子體認到他做的事造成什麼後果，以及，更重要的，他必須為這件事的後果負起責任。例如，孩子因為邊吃邊玩而打翻了碗盤，父母不必大發雷霆，但要讓孩子負責把打翻的東西收拾乾淨：教他收，盯著他收，沒收完，不可以去做其他任何的事，堅持到底直到他清理完畢為止。下次他就會知道，吃東西要好好吃，否則要收很久。

又如，孩子把別人的玩具弄壞了，父母不必生氣打罵，但要讓他補償對方，用自己心愛的玩具去賠，下次他就會知道，玩別人的玩具要小心愛惜，否則會換來讓自己心痛的代價。如果是不可補償的狀況，例如孩子把別的小朋友弄傷了，則帶著他去看別人流血的傷口，讓他看受傷的小朋友接受治療的過程，讓他看見他是如何的造成了別人的痛苦，如果受傷的小朋友需要協助，儘量讓孩子動手幫忙。

在這之後，父母可以說一些道理，但不是訓斥，只要真心懇切的讓孩子知道，他這樣做，讓父母覺得很難過，以及，以後要怎麼做會更好一些。

不必打罵，不必過度說理，重點是要讓孩子有真實的體驗，真真切切的體驗到為什麼我不要再做這樣的事，因為我要付出代價，因為我造成了傷害，因為做錯事，從來都不是說「對不起」就可以了事。

我們常說，教養孩子要認知、情感、行為三管齊下，因此，管教絕不是講理就好，還要有情感的體驗和讓孩子負起責任的行動。說「對不起」就算了嗎？親愛的孩子，可沒這回事哦！

結語

北風與太陽

有個古老的童話故事〈北風與太陽〉，內容描述北風和太陽打賭，看誰可以讓旅人脫下外衣。北風使盡全力要吹掉旅人的外衣，旅人卻因受不住寒冷而愈抓愈緊，太陽則給予旅人溫暖，旅人終於因為感到炎熱而自己脫下了外衣。

教導孩子也是一樣，用指責批評的方式對待他，他只會因為受到傷害而愈加反抗，但如果用善意和溫暖引導他，孩子終究會因為愛被滿足了，而自己放下不當的行為。

每個孩子都渴望被愛，愈被愛就愈可愛，不被愛的孩子心裡都是傷害。

希望每位父母都看見自己的職責，始終正面溫暖善意的對待孩子，用心引導與陪伴，讓教養孩子的過程，成為孩子此生最大的祝福，也是父母最值得回味的時光！

聽寶寶說話/周育如作. -- 第二版. -- 臺北市:
親子天下股份有限公司, 2021.10
294面;14.8x21公分. -- (家庭與生活;73)
ISBN 978-626-305-097-6(平裝)

1.親職教育 2.子女教育

528.2 110015526

家庭與生活073

聽寶寶說話【暢銷增訂版】

用愛塑腦，掌握0~6歲幼兒發展關鍵五力

作者／周育如
責任編輯／蔡川惠、陳佳聖
插畫／陳怡今
校對／魏秋綢
封面設計／ TODAY STUDIO
版型設計／ Ancy Pi
內頁排版／立全電腦印前排版有限公司
行銷企劃／林靈姝

天下雜誌群創辦人／殷允芃
董事長兼執行長／何琦瑜
媒體產品事業群
總經理／游玉雪
總監／李佩芬
版權專員／何晨瑋、黃微真

出版者／親子天下股份有限公司
地址／台北市104建國北路一段96號4樓
電話／（02）2509-2800　傳真／（02）2509-2462
網址／ www.parenting.com.tw
讀者服務專線／（02）2662-0332 週一～週五：09:00~17:30
讀者服務傳真／（02）2662-6048
客服信箱／ bill@cw.com.tw
法律顧問／台英國際商務法律事務所・羅明通律師
製版印刷／中原造像股份有限公司
總經銷／大和圖書有限公司　電話：（02）8990-2588

出版日期／ 2015年12月第一版
　　　　　2021年10月第二版
定　價／ 350元
書　號／ BKEEF073P
ISBN ／ 978-626-305-097-6（平裝）

訂購服務：
親子天下 Shopping ／ shopping.parenting.com.tw
海外・大量訂購／ parenting@service.cw.com.tw
書香花園／台北市建國北路二段6巷11號　電話（02）2506-1635
劃撥帳號／ 50331356 親子天下股份有限公司

立即購買 >